Endlich Sonne

MADEIRA

44 TOUREN FÜR DEINEN URLAUB

Inhalt

Tourenübersicht

TOUREN 1–11

TOUREN 12–22

Tourenübersicht

Unser Highlight

TOUREN 23–33

TOUREN 34–44

ATLANTISCHER OZEAN

Porto Moniz
ER 101
Ribeira da Janela
Achadas da Cruz
ER 101
ER 105
VE 2
Seixal
Ponta do Pargo
ER 221
VE 2
Ponta Delgada
Boaventura
VE1
São Vicente
VE 3
ER 220
VE4
ER 210
Fajã da Ovelha
ER 209
ER 223
ER 228
Paul do Mar
Prazeres
ER 105
MADEIRA
Jardim do Mar
Estreito da Calheta
VE 3
Calheta
Serra de Água
Curral das Freiras
Arco da Calheta
VE 3
VE4
Madalena do Mar
Canhas
Ponta do Sol
Tabua
Jardim da Serra
Lugar de Baixo
VE 3
VR 1
Campanário
Ribeira Brava
Quinta Grande
Estreito de Câmara
CÂMARA DE LOBOS
0 2 4 6 8 km

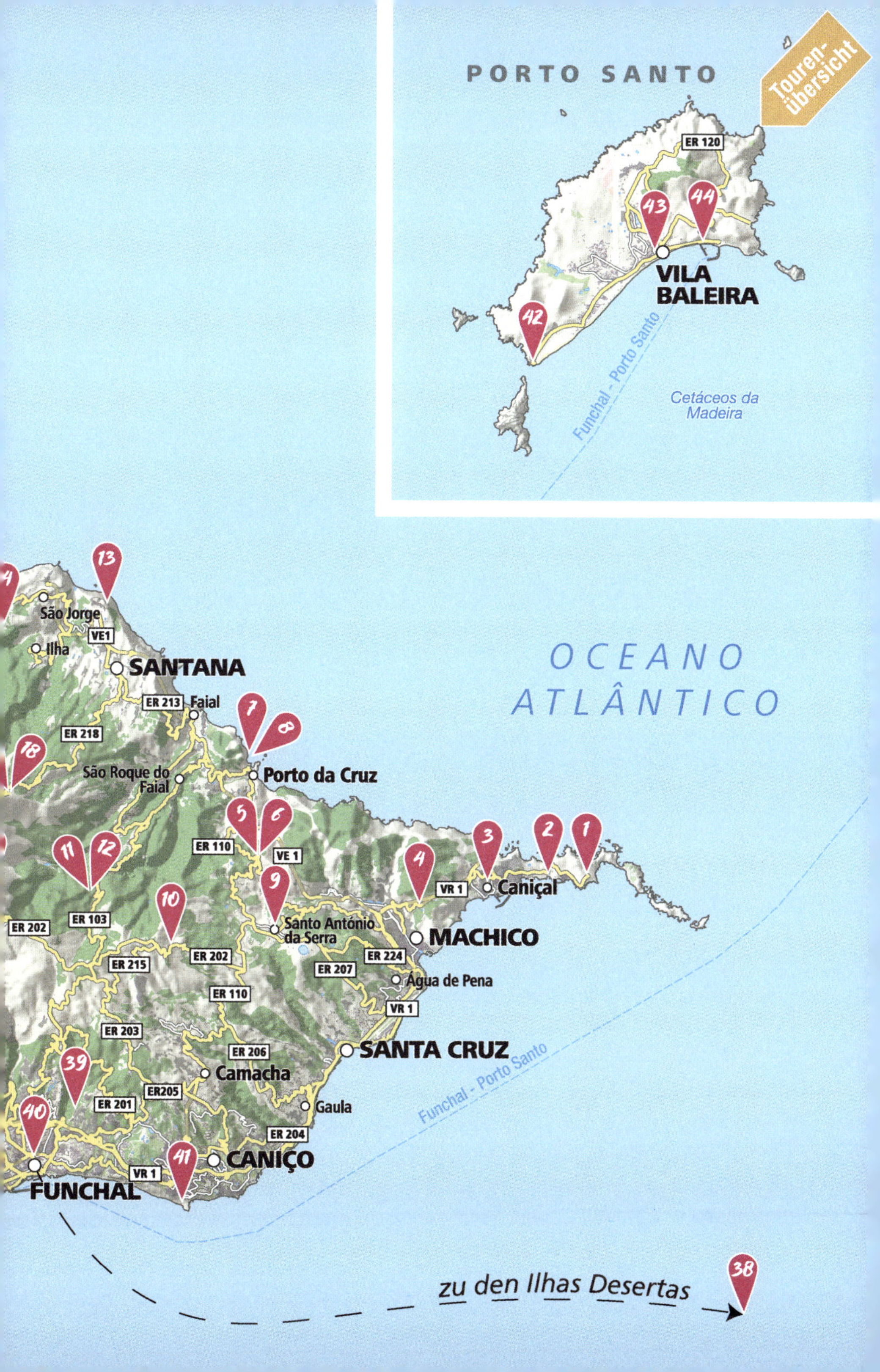

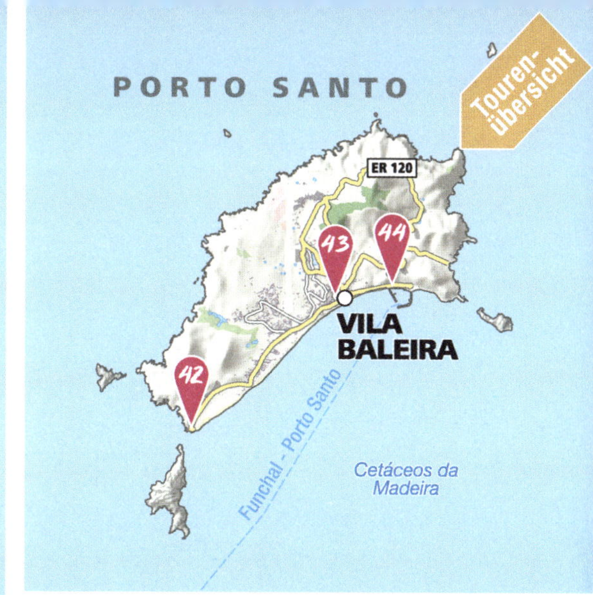

PORTO SANTO
Touren-übersicht
ER 120
43
44
VILA BALEIRA
42
Funchal - Porto Santo
Cetáceos da Madeira
13
São Jorge
VE1
Ilha
SANTANA
ER 213
Faial
7
8
ER 218
18
São Roque do Faial
Porto da Cruz
OCEANO ATLÂNTICO
5
6
ER 110
VE 1
3
2
1
4
VR 1
Caniçal
11
12
9
10
ER 202
ER 103
Santo António da Serra
MACHICO
ER 215
ER 202
ER 224
ER 207
Água de Pena
ER 110
VR 1
ER 203
ER 206
SANTA CRUZ
39
Camacha
ER205
ER 201
Gaula
Funchal - Porto Santo
40
ER 204
41
CANIÇO
VR 1
FUNCHAL
zu den Ilhas Desertas
38

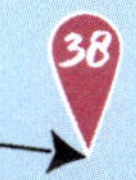

geht es los!

44 URLAUBSMOMENTE FÜR DICH

Willst du nicht auch endlich Sonne? Wir haben in diesem Band die schönsten Urlaubstouren zusammengestellt und nehmen dich mit auf einen (ent)spannenden Inseltrip! Denn was könnte schöner sein, als dem grauen Wetter zu entfliehen und Urlaub auf Madeira zu machen?

Madeira liegt mitten im Atlantischen Ozean, circa 950 Kilometer entfernt von Lissabon. Heftigen Lavaausbrüchen vor mehr als zwanzig Millionen Jahren haben wir es zu verdanken, dass wir heute auf dieser schönen Insel wandern dürfen. Die Ausbrüche am Grund des Atlantiks führten zum allmählichen Aufbau eines enormen Vulkans – aus seiner Spitze ging die Insel hervor. Madeira ist maximal 57 Kilometer lang und 22 Kilometer breit und kann grob in drei Regionen unterteilt werden: Im Zentralmassiv liegen die höchsten Berge wie der Pico Ruivo, der Pico Arieiro oder der Pico Grande. Im Westen erstreckt sich die Hochebene Paúl da Serra und der Osten endet mit der Landspitze São Lourenço, das 1982 zum Naturreservat erklärt wurde. Neben der Hauptinsel gehören auch die Inseln Porto Santo, Ilhas Desertas und Ilhas Selvagenes zur Autonomen Region Madeira.

Die Vielfalt von Madeira spiegelt sich in den jahrhundertealten Kulturterrassen, dem einzigartigen Lorbeerwald, den schroffen und bizarren Gebirge sowie den einsamen und urwüchsigen Tälern wider. Und entlang der Levadas, den kilometerlangen Wasserkanälen, kann die Insel wunderbar erkundet werden.

Endlich Sonne Madeira entführt dich raus aus dem Alltag, rein in die Auszeit! Ob Naturerlebnis in den Bergen oder Strandleben am Meer – zum Ausspannen ist hier für jeden die passende Tour dabei. Pack deine sieben Sachen und deine Liebsten ein und dann heißt es endlich Sonne und „Bem-vindo á Madeira!" (auf deutsch: Willkommen auf Madeira).

Endlich alle 7 Sachen zusammen

Pack-tipps

Deine Packliste

MATERIALCHECK

Bei den Wandertouren handelt es sich meist um recht einfache und kurze Wanderungen. Daher benötigen wir auch nicht allzu viele Dinge in unserem Rucksack. Dennoch sollte Madeira mit seinen steilen Hängen nicht unterschätzt werden. Die wichtigsten Utensilien haben wir dir hier noch einmal zusammengestellt:

- ◯ Festes Schuhwerk mit griffiger Sohle
- ◯ Wetterfeste & atmungsaktive Bekleidung
- ◯ Getränke (mind. 1,5 Liter!)
- ◯ Erste-Hilfe-Set
- ◯ Handy (für den Notruf)
- ◯ Wechselkleidung
- ◯ Proviant
- ◯ Gut sitzender Wanderrucksack
- ◯ Teleskop- oder Faltstöcke
- ◯ Sonnenschutz (Brille, Hut, Sonnencreme)
- ◯ Kälteschutz (Handschuhe, Mütze, Halstuch)
- ◯ Kompass und Wanderkarte

Endlich gern gesehen

Verhaltenskodex

BEIM WANDERN

Immer mehr Menschen lassen sich von der Faszination des Wanderns in den Bann ziehen. So viele, dass man in immer mehr Regionen von „Overtourism" spricht und Ranger zur Überwachung einsetzt. Je mehr wir im Freien unterwegs sind, desto mehr Schaden trägt die Natur davon – außer wir gehen sanft mit der sensiblen Umgebung um. „Take nothing but pictures, leave nothing but footprints": Beherzige dieses Motto, dann steht deinem umweltschonenden Wandererlebnis nichts mehr im Weg. Um im Einklang mit der Umgebung unterwegs zu sein, haben wir wichtige Tipps und einfache Grundregeln zusammengefasst.

Und das kannst du machen ...

01 Befolge Bestimmungen: Informiere dich über Regelungen in Nationalparks und Schutzgebieten und halte dich an die Hinweise auf Informationstafeln.

02 Bewege dich auf sichtbaren Wegspuren: Durchquere keine Gebiete auf eigene Faust, sondern bleibe auf den festgelegten Routen. Respektiere Privatgrund und schließe Weidegatter.

03 Respektvoller Umgang untereinander: Begegne anderen Wanderern und Forstpersonal sowie Jägern und Landwirten stets freundlich und respektvoll, schließlich bist du Gast in dieser schönen Gegend.

04 Vermeide unnötigen Lärm: Achte auf Ruhezonen und bewege dich möglichst leise in der freien Natur.

05 Respektiere den Lebensraum der Tiere: Weiche Tieren unaufgeregt aus und halte Distanz bei Begegnungen.

06 Halte die Umwelt sauber: Hinterlasse keinen Abfall. Versuche dich bei Notdurft von Gewässern fernzuhalten und nimm Klopapier wieder mit ins Tal.

07 Pflücke und sammle keine Pflanzen: Achte darauf, Pflanzen möglichst unberührt zu lassen.

08 Mache kein offenes Feuer und campiere richtig: Nutze nur ausgewiesene Feuerstellen und beachte die aktuelle Waldbrandgefahr. Wenn du im Freien übernachtest, tu das nur an Plätzen, wo dies erlaubt ist.

Grundwissen

Wandern

SICHERHEIT UND BASICS

Wandern ist ein ideales Mittel, um einfach mal auszuspannen und den Alltag hinter sich zu lassen. Nur der eigenen Bewegung folgen, sich auf seine Schritte und den eigenen Rhythmus konzentrieren. Die Natur und ihre Schönheit genießen. Trotzdem gilt es einiges zu beachten, damit durch unvorhergesehene Ereignisse der Spaß nicht auf der Strecke bleibt.

Der richtige Einstieg: Voller Enthusiasmus aber ohne jegliche Erfahrungen gleich ins Hochgebirge zu starten sind ungünstige Voraussetzungen. Wenn der Körper die Anstrengung nicht gewöhnt ist, werden lange und anstrengende Distanzen schnell zur Qual und verderben jeglichen Spaß. So ist es ratsam, sich erst einmal kleinere Ziele in der näheren Umgebung zu suchen. Zwei bis drei Stunden reine Gehzeit oder 8 bis 12 Kilometer sind dabei vollkommen ausreichend.

Wettercheck: Gerade im Gebirge, aber auch am Meer ist stabiles Wetter sehr wichtig. Sich bereits zwei bis drei Tage vorher zu informieren und am Abend vor der Tour oder bei Unsicherheit sogar morgens nochmal das Wetter abzuklären, kann oft böse Überraschungen vermeiden. Am besten informierst du dich beim Portugiesichen Wetterdienst IPMA (www.ipma.pt) über das aktuelle Wetter. Bei unsicheren Verhältnissen lieber die Tour absagen und auf einen anderen Tag verschieben.

Notruf bei Unfällen: Im Falle eines Unfalls haben Ruhe bewahren und überlegtes Handeln oberste Priorität. Erst einen Überblick über die Situation verschaffen, dann wird mit der europaweit gültigen Notrufnummer 112 ein Notruf abgesetzt. Funklöcher oder kein Handy erfordern das alpine Notsignal mittels Rufen, Pfiffen oder Licht: Alle zehn Sekunden eine Minute lang ein Signal, dann eine Minute Pause, dann wieder alle zehn Sekunden eine Minute lang ein Signal geben. Wichtig ist zudem die Durchführung von Erste-Hilfe-Maßnahmen, falls möglich.

Grundwissen

Wandern

TOUREN-1×1 & LEXIKON

Die Klassifizierung der Touren ist als Richtwert zu verstehen. Schätze dein Können und deine Kräfte realistisch ein und richte deine Tourenauswahl danach aus.

LEICHT: Meist gut markierte, breite Wanderwege ohne Gefahrenstellen, die stellenweise auch etwas steilere, wurzelige und felsige Passagen aufweisen können. Die Routen sind für AnfängerInnen, Kinder sowie fitte, ältere Personen geeignet und setzen keine großartige Bergerfahrung voraus.

MITTEL: Anspruchsvollere Wege und Pfade mit teils unwegsamem Untergrund (steinig, wurzelig, verwachsen, rutschig), die meist gut markiert sind und phasenweise leicht ausgesetzte Abschnitte beinhalten können. Die Routen sind überwiegend länger und setzen Bergerfahrung und eine gute Grundkondition voraus.

SCHWER: Herausfordernde Touren, meist auf schmalen und steilen Steigen in alpinem Gelände. Stellenweise können kurze (durch Drahtseile versicherte) Kletter- und Kraxelpassagen vorkommen, bei denen die Hände zu Hilfe genommen werden müssen. Es ist mit längeren An- und Abstiegen zu rechnen. Langjährige Bergerfahrung, Trittsicherheit und Schwindelfreiheit sowie ausgezeichnete Kondition sind Grundvoraussetzung!

Gehzeiten: Die angeführten Zeitangaben verstehen sich als Richtwerte für die reine Gehzeit ohne Pausen und basieren auf folgenden Erfahrungswerten pro Stunde: Aufstieg 400 Höhenmeter, Abstieg 600 Höhenmeter, 4 km auf flacher Strecke.

Wandersaison: Grundsätzlich lässt es sich auf Madeira wegen der subtropischen Lage ganzjährig gut wandern. Jedoch entstehen durch die vielfältige Landschaft Mikroklimata, die dazu führen, dass es am Meer über 20 °C haben kann, während auf den Bergen Schnee liegt. Deswegen kann es gut passieren, dass über 1.000 Meter Seehöhe zwischen Oktober und März Temperaturen um den Gefrierpunkt herrschen. Besonders bei Minustemperaturen und Nässe ist auf die Wegverhältnisse zu achten. Auch die einfallenden Passatwinde und der damit verbundene Nebel sind nicht zu unterschätzen: So werden einfache Strecken erschwert und machen diese rutschig. Das Wetter ist selten den ganzen Tag konstant, deshalb sollte auch bei Sonnenschein der Regenschutz nicht fehlen. Informiere dich am besten in der Region über die aktuelle Begehbarkeit der Wege und die Öffnungszeiten der Zufahrtsstraßen und Einkehrmöglichkeiten, um keine unerwarteten Überraschungen zu erleben.

TOUREN 01 – 44 BESCHREIBUNGEN

ATLANTISCHER OZEAN
OCEANO ATLÂNTICO

0 500 m

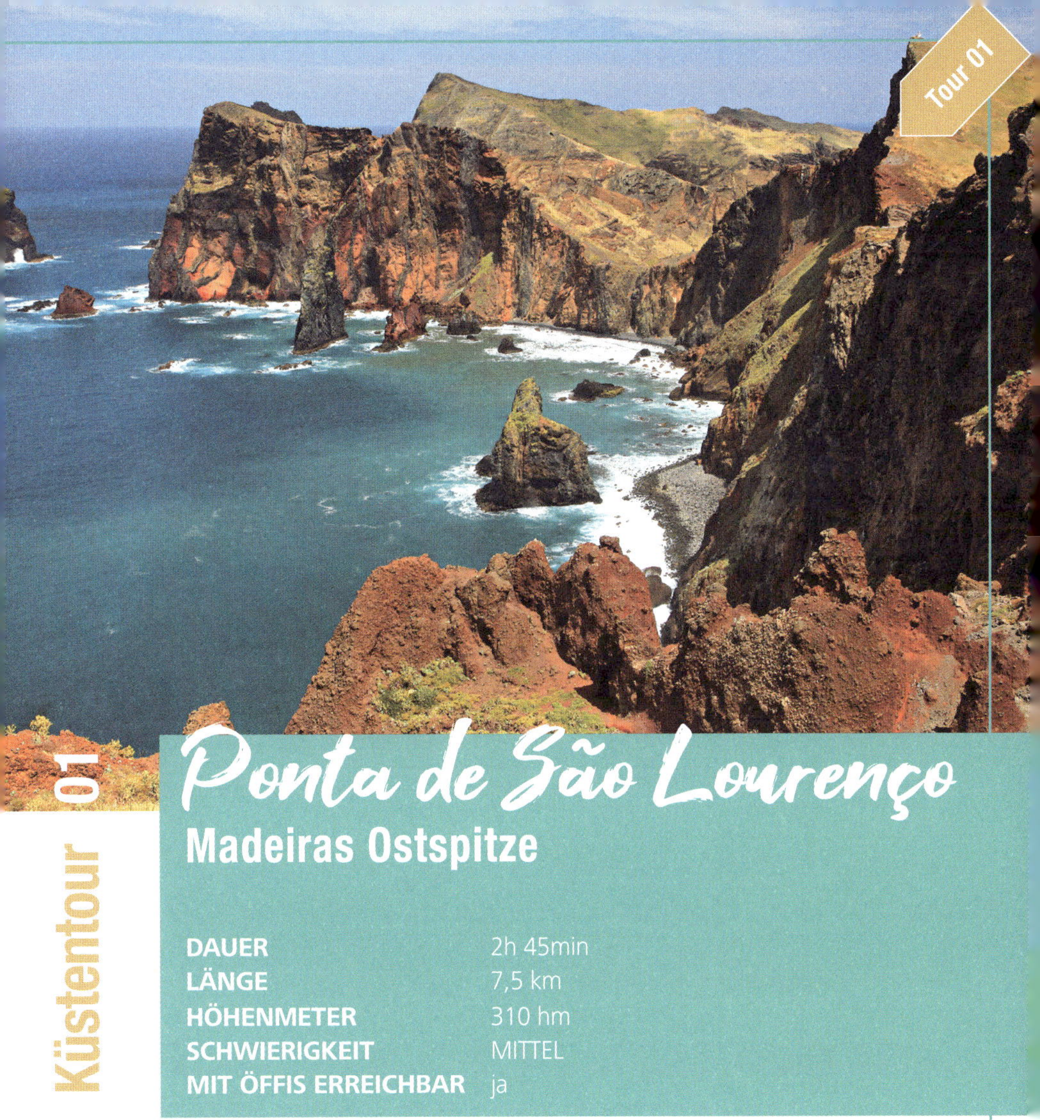

Ponta de São Lourenço

Madeiras Ostspitze

DAUER	2h 45min
LÄNGE	7,5 km
HÖHENMETER	310 hm
SCHWIERIGKEIT	MITTEL
MIT ÖFFIS ERREICHBAR	ja

Das erwartet dich ...

Die Streckenwanderung im äußersten Osten Madeiras bewegt sich durchgehend auf teilweise befestigten und trassierten Fels- und Schotterwegen, für die Trittsicherheit vorteilhaft ist. Die Anstiege führen oft über Treppen. Alle abschüssigen Passagen sind mit Seilgeländern versichert. Der Weg zum Pico do Furado steigt über Holz- und Steintreppen hinauf. Da die Route schattenlos und nicht windgeschützt ist, sollte genügend Wasser mitgenommen werden.

Cetáceos da Madeira
VR 1;ER 106
CANIÇAL
ER 214
Porto do Caniçal
Caniçal Oeste
VE 1;ER 101
ER 212
Pico do Facho
Machico Norte
VR 1;ER 101
MACHICO
ER 224
Machico Sul
Água de Pena
Água de Pena
ER 207
Aeroporto Este

Küstentour 01

Start & Ziel & Anreise

Unser Ausgangspunkt ist die Abrabucht. Am Ende der ER 109 befindet sich ein Parkplatz. Von Santa Cruz fährt mehrmals täglich ein Bus der Linie 113 bis Baia de Abra. Die Fahrzeit beträgt eineinhalb Stunden.

Tourenbeschreibung

Die Wanderung zur Ponta de São Lourenço bietet einen herben Kontrast zu saftig grünen, dichten Vegetation der Hauptinsel. Unterwegs bieten sich mehrere, atemberaubende Ausblicke auf die Steilküste und zurück zur Hauptinsel. Um die seltene Flora zu erhalten, wurde die gesamte Halbinsel als Naturschutzgebiet ausgewiesen. 1 Meter hohe Natternköpfe mit violett-blauen Blüten und Madeira-Hornklee sieht man hier ebenso häufig wie verschiedenste Seevögel, Turmfalken oder auch der Madeirasturmtaucher.

Vom Parkplatz am Ende der ER 109 an der Abrabucht folgen wir dem Richtungspfeil und der Hinweistafel auf einem breiten Schotterweg über Steinstufen abwärts. Ein Holzsteg bringt uns über einen Graben, und über eben solche steigen wir wieder bergan. Auf einem breiten Weg wandern wir durch den südexponierten Rücken des 163 Meter hohen Piedras Brancas. An einer Steinmauer wenden

wir uns nach links, bis wir einen Sattel samt Weggabelung erreichen. Linker Hand folgen wir einem Seitenpfad zu einem tollen Aussichtspunkt mit Blick auf die Gesteinstürme der Nordküste. Rechter Hand zweigt der Pfad hinab zu einem südseitigen Strand.

Der drahtseilgesicherte Pfad, teils mit Stufen versetzt, führt uns nun sicher durch das felsige Gelände auf einen Sattel. Nach einem längeren Auf- und Abstieg erreichen wir eine Einsattelung. Der Weiterweg bringt uns dann nochmals in einem Auf und Nieder an einen Hangrücken mit Steinmauern. Hier beginnt ein teils ins Lavagestein eingeschnittener Weg Richtung Engstelle (Estreito). Über einige Treppen abwärts erreichen wir den schmalen Grat, der gut mit Gländern gesichert ist. Schnell haben wir die luftige Stelle überwunden. Hinter einem felsigen Rücken gelangen wir zu einem weiteren Aussichtspunkt, dann stehen wir am oberen Rand einer wiesenartigen Senke mit einem alten Bauernhaus.

An einer Informationstafel teilen sich die Wege. Wir halten uns links und bleiben oberhalb der Senke, bis wir den nächsten Aussichtspunkt mit Blick auf die Nordseite erreicht haben. Ein mit Steinen begrenzter Pfad bringt uns durch die sensible Landschaft in Richtung Casa do Sardinha. Wie eine Oase, umringt von Palmen, liegt es in der kargen Senke. Schattige Picknickbänke laden hier zur Rast ein. Die Naturparkverwaltung präsentiert hier eine kleine Ausstellung über die naturkundlichen Besonderheiten des Kaps; es gibt einen Infostand mit Buch- und Souvenierverkauf. Hinter dem Haus befindet sich der gut ausgebaute Anstiegsweg zum Pico de Furado: Er besteht aus schier endlosen Holz-und Steinstufen und wird zu beiden Seiten von Seilgeländern flankiert. Auf dem Gipfel bietet sich ein wunderbarer Rundumblick auf das gesamte Kap samt den vorgelagerten Inseln. Zu unseren Füßen bricht der Fels fast senkrecht zum Meer; über eine schmale Landbrücke führt er zur nächsten Halbinsel, dahinter erscheint die Insel mit dem Leuchtturm. Weit vor der Küste erkennt man die unbesiedelten Ilhas Desertas, die seit 1990 unter Naturschutz stehen. An klaren Tagen reicht der Blick bis zur Nachbarinsel Porto Santo, die man mit Fährbooten von Funcal aus erreichen kann.

Über den Aufstiegsweg gelangen wir zurück zur Casa do Sardinha. Der Rückweg führt uns über den nach Westen ausgehenden, gepflasterten Weg zur Südseite des Kaps. Eine Holzhütte für Vogelbeobachtungen sowie ein Picknickplatz laden hier zu einer Rast ein. An alten Steinmauern vorbei steigen wir zu einer Weggabelung samt Infotafel auf. Linker Hand führt die bereits bekannte Route zum Ausgangspunkt zurück.

02

Ponta do Bode
Ilhéu de Garajós
Ponta do Bode
Calhau dos Barreiros
Ponta do Rosto
Ilhéu do Guincho
Ponta do Castelo
Silveira
Pedras Brancas
163
Estreito
Porta da Abra
Ponta
Cova Grande
Babosinhos
Palmeira
Ponta de São Lourenço
E.R.109
VR1
28 Caniçal Centro
Caniçal
Rochinha
Sra. da Piedade
Zona Franca Industrial
Ponta do Buraco
Casa do Sardinha
E.R.109
Museu da Baleia
Ponta das Gaivotas
Ponta do Furado
27
Caniçal Oeste

ATLANTISCHER OZEAN
OCEANO ATLÂNTICO

0 500 m

Prainha

Vulkanstrand im Osten Madeiras

DAUER	-
LÄNGE	-
HÖHENMETER	-
SCHWIERIGKEIT	LEICHT
MIT ÖFFIS ERREICHBAR	ja

Das erwartet dich ...

Fast im äußersten östlichen Zipfel der Insel liegt ein winziger Strand, der einem tropischen Paradies gleicht. Er gehört noch zu Caniçal, ist jedoch nur mit dem Auto zu erreichen. Auf Grund seines feinen Vulkansandes mit recht eigentümlicher Farbe ist er ein beliebtes Ausflugsziel auch für Einheimische, gilt aber dennoch noch immer als Geheimtipp.

Strandtour 02

Start & Ziel & Anreise

Wir erreichen den Strand mit dem PKW über die ER214 Richtung Quinat do Lorde. Oberhalb gibt es einen großen Parkplatz. Von hier aus führt ein kleiner Weg zum Strand hinab.

Tourenbeschreibung

Der Prahina Beach liegt recht unscheinbar unterhalb der Straße und kann nur mit dem Auto und einem anschließenden, kleinen Fußmarsch erreicht werden. Sein Strand besteht aus natürlichem, dünnem und kupferfarbenem Sand und eignet sich super, einen ganzen Tag hier zu verbringen. Der Strand ist auf Grund der Felsen, die sich um ihn herum auftürmen, gut gegen Wind geschützt. An der kleinen Strandbar, die allerdings nur bei Badewetter geöffnet hat, gibt es allerlei Snacks und Getränke. Auch Toiletten und sogar Duschen sind vorhanden. In dem kristallklaren, tiefblauen Wasser lässt es sich hervorragend schnorcheln und schwimmen. Und sollte es doch mal ein stürmischerer Tag werden, kann man vom Strand aus wunderbar surfen oder windsurfen.

Die Landschaft um den Strand herum hebt sich deutlich von den anderen Gegenden der Insel ab. Hier wird das gewöhnliche Grün durch eine trockene Landschaft ersetzt. Die gelben, braunen und orangenen Töne schaffen gleich ein ganz anderes Flair. In der näheren Umgebung des schönen Strandes liegen die „Dunas da Piedade" – die Dünen der Barmherzigkeit. Dies sind für Madeira einzigartige Kalkdünen, entstanden in der letzten Eiszeit. Hier wurden bereits zahlreiche versteinerte Schnecken gefunden. Die Fundstätte wurde lange als Steinbruch genutzt, jetzt soll sie unter Schutz gestellt werden.

Luftlinie nicht mehr als fünfhundert Meter entfernt befindet sich auf dem Monte da Piedade eine kleine, blaue Kapelle: die Capela da Nossa Senhora Piedade. Hier findet alljährlich eine besonders außergewöhnliche und traditionsreiche Prozession statt. Sie wird „Unserer lieben Frau der Barmherzigkeit" gewidmet. Der Legende nach geriet eine Gruppe von Fischern bei einem Sturm in Seenot. Nachdem Sie vor dem heftigen Unwetter gerettet worden waren, errichteten sie eine Kapelle, um der Heiligen zu danken. Die Feierlichkeit dazu findet am dritten Wochenende im September statt und ist eines der am meisten besuchten Feste der Insel. Während der Prozession wird die Figur der „Lieben Frau der Barmherzigkeit" aus der Kapelle geholt und auf einem wundervoll geschmückten Boot präsentiert. Wenn man sich also zwischen Sonnen-und Meerbad die Beine vertreten möchte – der Spaziergang führt über die ER214 und den Kreisverkehr. Ca. 100 Meter nach dem Kreisel zweigt rechter Hand ein Pfad zur Kapelle ab.

Die Prainha lädt zum (Sonnen-)Baden ein

ATLANTISCHER OZEAN
OCEANO ATLÂNTICO

Boca do Risco
Ribeira Seca
Pico das Roçadas
374
Ponta do Bode
Ilhéu de Garajós
Ponta do Bode
Calhau dos Barreiros
Lavada do Caniçal
Silveira
Rocha do Pena Branca
Babosinhos
Bar
VR1
Palmeira
E.R.109
Castanho
589
Cova Grande
28 Caniçal Centro
Roch
Caniçal
Feiteiras
Zona Franca Industrial
E.R.109
Museu da Baleia
Ribeira Seca
Lavada do Caniçal
27 Caniçal Oeste
VE1
E.R.101
Machico
Santana Faial
26
Poço do Gil
Caramanchão
Piquinho
Paraíso
Torre
Pico do Facho
322
200
Rocha Alta
470
VR1
E.R.239
E.R.108
Forte de S. João Batista
Cais
Capela dos Cardais
Machico Sul 25
Dom Pedro
Machico
Queimado
142
Queimada
Matur Holiday Village
Atlantis
E.R.237
24
Água de Pena
E.R.207
Água de Pena
Bemposta
23
Aeroporto Carga Áerea
Janeiro
Terça
Cano de Cima
Aeroporto do Funchal
E.R.207
São Sebastião
Santa Catarina
S. Cruz Este
22 Aeroporto do Funchal
21
Porto da Cargo
Santa Cruz
0 500 m

Küstenweg von Caniçal

Hirtenpfade an der Südostküste

DAUER	2h 45min
LÄNGE	6,5 km
HÖHENMETER	320 hm
SCHWIERIGKEIT	MITTEL
MIT ÖFFIS ERREICHBAR	ja

Das erwartet dich ...

Von Caniçal, einem ehemaligen Walfängerort, führt die Streckenwanderung durch baumloses Gelände. Auf dem stellenweise verwachsenen weg gibt es einige schmale und steinige Abschnitte. Im letzten Abschnitt wandern wir über die asphaltierte Zufahrt zum Pico do Facho. Hier bietet sich ein herrlicher Blick über das Machico-Tal, die Gipfel des zentralen Teils der Insel, die Desertas-Inseln und Ponta de São Lourenço.

Küstentour 03

Start & Ziel & Anreise

Die Wanderung beginnt am Hauptplatz von Caniçal neben der Bushaltestelle und dem Taxistandplatz. Von Funchal fährt der Bus der Linie 113 nach Caniçal. Mit dem Auto nehmen wir die VR1 die Küste entlang nach Caniçal. Parkmöglichkeiten gibt es am Walmuseum oder am Restaurant Aquarium.

Tourenbeschreibung

Die kurze Wanderung führt über einen historischen Verbindungsweg vom ehemaligen Walfangort Caniçal entlang der rauen Südküste zum herrlichen Aussichtspunkt Pico de Facho. Die Fischerei ist auch heute noch eines der beiden wirtschaftlichen Standbeine des Ortes. Daneben wurde dem Hafen durch die Industriefreihandelszone einen besondere Bedeutung zuteil. Wer den Weg nur in eine Richtung wandern möchte, der kann vom Pico de Facho nach Machico absteigen; hier fährt ein Bus zurück zum Ausgangspunkt oder nach Funchal.

Wir starten in Caniçal, dem östlichsten Ort Madeiras. Hier befindet sich auch der größte Hafen der Insel. Vom Hauptplatz laufen wir neben der Bushaltestelle Richtung Meer, dann halten wir uns rechts in die Küstenstraße. Wir passieren das Schwimmbad und das Restaurant Auqarium. Beim sofort sichtbaren Gebäude des Walmuseums biegen wir links in eine aufwärts führende Straße ein. Der Weg führt um eine eingezäunte Plantage herum. An der nächsten Kreuzung richten wir uns nach den Schildern Praia Ribeira de Natal und Campo de Futebol und biegen rechts ein. Schnell erreichen wir das Fußballstadion mit der Bar do Campo. An der Westseite geht es hinab, über einen Parkplatz und nochmals hinunter auf der asphaltierten Straße nach rechts. In der folgenden Serpentine zweigt dann der alte Saumpfad nach rechts ab.

Gleich darauf wandern wir über die renovierte Steinbogenbrücke; nun folgen wir dem alten Saumpfad nach links: er führt uns von der Steinrampe fort und steigt ins raue, felsige Küstengelände auf. Entlang alter Hirtenpfade steigt der Weg zunächst im Zick-Zack-Kurs einen felsigen Hang bergan. Wir durqueren einen Hangeinschnitt, dann bringt uns der Pfad luftig und leicht ausgesetzt durch den schmählich bewachsenen Steilhang. Wir übersteigen eine Kante, dann führt uns der Weg durch einen noch tieferen Hangeinschnitt auf einen Felsrücken zu, der am Kamm mit Bäumen bewachsen ist. Nachdem wir ihn überquert haben, gelangen wir an den nächsten Einschnitt. Er erwartet uns wesentlich sanfter und mit alten Kulturterrassen durchsetzt.

Wir umrunden den Kessel und laufen auf den Strommast zu. Ihn umgehen wir auf der Hangoberseite. Allmählich geht der Saumpfad in einen Feldweg über. Nur wenige hundert Meter später erreichen wir in einer Einsattelung eine asphaltierte Straße, die zum Pico do Facho führt. Linker Hand erreichen wir bergwärts in wenigen Minuten den ehemaligen Wachposten, der zum Schutz vor Überfällen von Piraten erbaut wurde. Er bildet heute einen herrlichen Miradouro (Aussichtspunkt). Wieder an der Einsattelung bringt uns die Asphaltstraße in 15 Minuten durch altes Kulturland. Schließlich erreichen wir das Westportal des alten Caniçal-Tunnels gegenüber dem Wasserhaus.

Autoren Tipp

Jahrzehntelang bis 1981 war Caniçal ein Walfängerort mit einer weiterverarbeitenden Fabrik. Diese Geschichte wird anschaulich im Walmuseum beschrieben. Das Museum zeigt eine wertvolle Sammlung mit Utensilien zum Walfang, Wale und Delfine in lebensgroßen Modellen und 3D-Filme, die die Walfangerlebnisse des gesamten 20. Jahrhunderts darstellen und im Besonderen die Walfangvergangenheit der Insel von den 1940ern bis in die frühen 80er Jahre. Museu da Baleia da Madeira, R. Garcia Moniz, 9200-031 Caniçal.

Redondo
865
Corujeira de Cima
Corujeira de Baixo
Lombo de Baixo
Penha de Águia (Adlerfelsen)
590
565
VE1
4
Cais
Porto da Cruz
Praia do Larano
Lombo do Galego
Pico do Lombo Galego
Lombo de Cima
São Roque do Faial
Terra do Batista
E.R.108
Maçapez
Achada
Cruzinhas
494
Fajã da Murta
E.R.103
Fajã Grande de Baixo
E.R.217
Cabeço do Rochão
543
Ribeira Tem-te Não Caias
Serrado
Larano
Maiada
Cova das Pedras
Cruzinhas
Referta
Fajã Grande de Cima
Cruz da Guarda
Folhadal
Pedreiro
713
Fajã do Cedro Gordo
Lombo do Cura
Achada do Paul Bastião
Miradouro da Portela
622
Portela
Funduras
Cabeço do Cura
666
Cabeço Furado
Lamaceiros
Balcões
Bar Flor da Selva
Parque Florestal Ribeiro Frio
Pico do Suna
1027
Lombo das Faias
Ribeira de Machico
Madeira da Igreja
E.R.236
A Calçadinha
Viveiros de Trutas (Forellenzucht)
Victor's Bar
Cabeço do Pinaco
E.R.102
E.R.108
Lombo Comprido
1173
Lombo Martinho
Fajã das Vacas
E.R.238
Chão dos Tocos
Cabeço da Pedra
E.R.103
0 500 m
João do Prado
Achada do Barro
Santo António da Serra
E.R.207

Küstentour 04

Auf dem Küstensteig

Entlang der Levada Caniçal

DAUER	4h
LÄNGE	12,4 km
HÖHENMETER	180 hm
SCHWIERIGKEIT	MITTEL
MIT ÖFFIS ERREICHBAR	ja

Das erwartet dich ...

Die Wanderung auf dem herrlichen, aber auch abenteuerlichen Küstensteig gehört zu den atemberaubendsten Touren auf Madeira. Aus dem Tal von Machico wandern wir durch die landwirtschaftlich genutzten Flächen über den Pass „Boca do Risco". Der darauf folgende, spektakuläre Weg ist in senkrechten Fels gehauen und begeistert uns mit einzigartigen Tiefblicken in den Abgrund mit dem tosenden Meer unter uns. Absolute Schwindelfreiheit und Trittsicherheit ist hier unabdingbare Voraussetzung!

Küstentour 04

Start & Ziel & Anreise

Los geht's an der Bushaltestelle Pico do Facho vor dem Caniçal-Tunnel. Reisen wir mit dem öffentlichen Bus an, empfiehlt sich die Linie 113 Richtung Ponta de São Lourenço. Die Busverbindungen zurück zum Ausgangspunkt sind umständlich, daher ist es ratsam mit dem Taxi zurückzufahren. Wer mit dem Auto nach Machico fährt, nimmt am besten die VR 1 aus Süden kommend.

Tourenbeschreibung

Unsere einzigartige Wanderung beginnt an der Bushaltestelle Pico do Facho vor dem Caniçal-Tunnel. Auf der gegenüberliegenden Straßenseite beginnt die Levada do Caniçal. In angenehmer Steigung bringt sie uns über den Ort Machico hinauf und führt ins Tal der Ribeira Seca. Die Levada schlängelt sich meist am Waldrand entlang, immer wieder genießen wir während des Aufstieges schöne Aussichten. Nach ungefähr einer Dreiviertelstunde erreichen wir an einem Haus mit Strommast eine steinerne Treppe. Sie bringt uns weiter hinauf Richtung Boca do Risco.

Der Weg ist nicht markiert, aber viel begangen, sodass wir die Pfadspuren gut erkennen können. Zur Not nehmen wir noch die Stromleitung als Orientierungshilfe. Schließlich erreichen wir die Scharte, eine sattelförmige Einsenkung mit einem tollen Aussichtpunkt, der uns Blicke auf die felsige Nordküste und den Atlantik gewährt. Ein Picknickschild lädt uns zu einer kurzen Rast ein.

Wir halten uns links und nehmen den abwärtsführenden Weg. Als schmaler Pfad leitet er uns bald an der Felswand entlang und zu einem Felsvorsprung mit Vermessungspunkt, der Ponta do Espigão Amarelo. Der schöne Platz lässt uns auch hier ein wenig verweilen. Das Landschaftsbild verändert sich allmählich. Schließlich erreichen wir nach dem Pinienwald ein kleines Tal mit Häuser und Felder. Die kleine Levada do Poco do Arevedo begleitet uns ein Stück. Dann steigen wir steil hinab zur Siedlung Larano.

Wir haben die Klippen verlassen und gelangen an einen kleinen Weg, der bald zu einer asphaltierten Straße wird. Hier verlassen wir die Levada. In einer Linkskurve nach circa 500 Metern verlassen wir die Straße über ein paar Stufen und wandern auf einem Pfad weiter ins Tal hinab. Nach gut eineinhalb Kilometern erreichen wir die Kirche Igreja do Porto da Cruz. Das charmante Dorf lädt zum Schlendern und Flanieren ein. Zudem gibt es ein tolles Piscinas Municipais, ein Meeresschwimmbecken. Also Badesachen nicht vergessen!

Am Ende der Tour erwartet uns Porto da Cruz

ATLANTISCHER OZEAN
OCEANO ATLÂNTICO

Praia do Faial
Bar Gale
Penha de Águia de Baixo
436
Penha de Águia (Adlerfelsen)
590
565
Cais
Porto da Cruz
E.R.108
Praia do Larano
Maçapez
Terra do Batista
Achada
VE1
Ribeira Tem-te Não Caias
Serrado
Larano
Maiada
Ponta do Espigão Amarelo
Cova das Pedras
Referta
E.R.108
Cruz da Guarda
Folhadal
743
Pico da Coroa
Boca d
710
Larano
Funduras
Lombo do Cura
VE1
5
Miradouro da Portela
622
Portela
Cabeço do Cura
666
Portela
Levada da Portela
Lavada do Caniçal
Fajã dos Rolos
Bar
Lamaceiros
Lombo das Faias
Ribeira de Machico
Madeira da Igreja
Ribeira S
E.R.108
E.R.236
Bar A Calcadinha
Maroços
VE1
E.R.101
Cabeço do Pinaco
E.R.102
E.R.108
Landeiros
Fajã das Vacas
Santana Faial
E.R.238
26
Caramanchão
Piquin
Santo António da Serra
Achada do Barro
E.R.207
Campo de Golfe da Madeira
Rocha Alta
470
Quinta do Santo da Serra
Quinta Blandy
752
Santo da Serra
Achada da Riba
E.R.207
Capela dos Cardais
E.R.202
958
Pico dos Porcos
Ribeiro João Gonçalves
Levada nova
Marco do Poiso
0 500 m
Que

Tour 05

05 Waldtour

Funduras

Lorbeerwälder und ein romantisches Forsthaus

DAUER	6h
LÄNGE	17 km
HÖHENMETER	350 hm
SCHWIERIGKEIT	MITTEL
MIT ÖFFIS ERREICHBAR	ja

Das erwartet dich ...

Die Wanderrunde bewegt sich auf leicht zu laufenden Forstwegen, die als „Wege für alle" – Caminho para Todos – ausgewiesen sind. Gerade nach stärkeren Regenfällen kann die schottrige Oberfläche aber ausgewaschen sein. Über die Rinnen, die sich dann bilden, kann man leicht stolpern. Mancherorts ist die Orientierung aufgrund der vielen, abgehenden Seitenwege etwas erschwert. Der schattige Wald des Naturparks Funduras ist gerade an heißen Tagen eine Wohltat.

Start & Ziel & Anreise

Der Ausgangspunkt befindet sich am Portelapass. Mit dem Auto erreichen wir den Portelapass über die ER 102 oder die ER 108 an der Küste entlang. Der Bus Nr. 53 fährt in 1¼ Stunden von Funchal nach Portela. Eine Bushaltestelle befindet sich direkt an der Passhöhe.

Tourenbeschreibung

Das weit verzweigte Wegenetz im Naturpark Funduras lädt zu schönen Tages- und Halbtagestouren ein. Auf dieser Runde erwarten uns dabei das Forsthaus Funduras sowie herrliche Aussichtspunkte und schön gelegene Picknickplätze. In Ribeira de Machico startet einer der Zuwege, allerdings mit einem Anstieg von 300 Höhenmetern. Unschwieriger ist der Zugang vom Portelapass. Eine Forststraße bringt uns erst eben, dann abwärts zum Beginn der Wanderrunde.

Von der Gaststätte am Portelapass führt links ein Weg vorbei. Er mündet sogleich in einen Forstweg, der mit Schranken versperrt ist. Hier bewegen wir uns direkt auf Vulkangestein. Es bildet die Basis für den ursprünglichen Lorbeerwald, der im Gebiet rund um Funduras noch gut erhalten ist. Wir wandern über einen Kammrücken begleitet von einer kleinen Levada, die kurz in einem Tunnel verschwindet. Lichtungen und dichter Lorbeerwald wechseln sich ab;

dann schwenkt die Forststraße nach Süden. Nach einem Hangrücken gelangen wir am Sattel Cabeço da Lapa an eine Weggabelung.

Nun beginnt die eigentliche Wanderrunde. Wir halten uns links und wandern einige Zeit beinahe eben durch den Wald. Der Weg schlängelt sich durch kleinere und größere Taleinschnitte. An einer Spitzkehre erwartet uns eine Picknickbank und eine Infotafel. Von hier aus führt ein gut ausgebauter Steig in den Lorbeerwald. Er windet sich durch das herrliche Waldgebiet, begleitet von dichten Farnstauden und verschiedenen, krautartigen Pflanzen.

Wir wandern durch Taleinschnitte mit Gegenanstiegen bis zum Forsthaus Casas de Funduras. Es liegt in herrlicher, aussichtsreicher Lage und lädt mit Bänken und Feuerstelle zur Rast ein. Eine Informationstafel gibt Auskunft über die Region und den Lorbeerwald. Passatwinde bewirken in den Wäldern eine höhere Luftfeuchte. Dank des feuchten Klimas gedeiht eine üppige Vegetation aus immergrünen Bäumen, Farnen, Moosen und Flechten. So entsteht das urwüchsige Aussehen der Wälder. Ein nach Westen führender Weg mit gelb-roter Markierung bringt uns in einem insgesamt 30-minütigem Abstecher zum Aussichtspunkt Miradouro do Larano. Der herrliche Platz lockt mit Picknickbänken und herrlicher Aussicht.

Nach einer Rast beim Forsthaus brechen wir wieder auf. Zurück auf der Zufahrtsstraße zur Hauptroute wenden wir uns nach links. Es geht nun in den unteren Taleinschnitt der Ribeira des Cales. Über eine Steinbrücke queren wir den Bachgraben. Im Anstieg umrunden wir einen Hangrücken hinein in die nächste Talung. Zweimal noch queren wir den Bach, dann erreichen wir eine T-Kreuzung. Wir nehmen den Forstweg nach links Richtung Ribeira de Machico. Geradeaus aufwärts führt uns nun der Weg zurück zur Abzweigung Richtung Portelapass. Immer wieder kommen wir an vegetationslosen Stellen am Wegrand vorbei. Das verschafft uns einen guten Überblick über das weitläufige Gebiet des Lorbeerwaldes. Wir passieren mehrere, kleine Taleinschnitte und schließen den Kreis bei der Kreuzung am Cabeço da Lapa. Nach links wandern wir auf dem bereits bekannten Wegstück zum Portelapass zurück.

ATLANTISCHER OZEAN
OCEANO ATLÂNTICO

Ponta de Catarina Pires
Ponta do Clérigo
Cortado
529
Achada de Sto. António
Lombo do Clérigo
VE1
Fajã do Mar
Miradouro do Cortado
Miradouro do Guindaste
Praia do Faial
Miradouro Sra. do Bom Caminho
E.R.213
Kartódromo do Faial
Bar Gale
Garajôa
637
Faial
Penha de Águia de Baixo
436
Penha de Águia (Adlerfelsen)
590
Corujeira de Baixo
Lombo de Baixo
565
Cais
Porto da Cruz
E.R.108
Lombo de Cima
São Roque do Faial
Macapez
Praia do Larano
Terra do Batista
Achada
Larano
VE1
Maiada
Ribeira Tem-te Não Caias
Serrado
E.R.217
Cabeço do Rochão
543
Cova das Pedras
Referta
Cruz da Guarda
E.R.108
Folhadal
Pedreiro
713
Lombo do Cura
VE1
Funduras
Miradouro da Portela
622
Portela
Cabeço do Cura
666
Levada da Portela
Cabeço Furado
Lamaceiros
Portela
Levada do Caniçal
Pico do Suna
1027
Lombo das Faias
Ribeira de Machico
E.R.108
Madeira da Igreja
E.R.236
Bar A Calcadinha
Cabeço do Pinaco
E.R.102
E.R.108
Fajã das Vacas
Lombo Comprido
1173
Lombo Martinho
E.R.238
Santo António da Serra
Achada do Barro
E.R.207
0 500 m

06

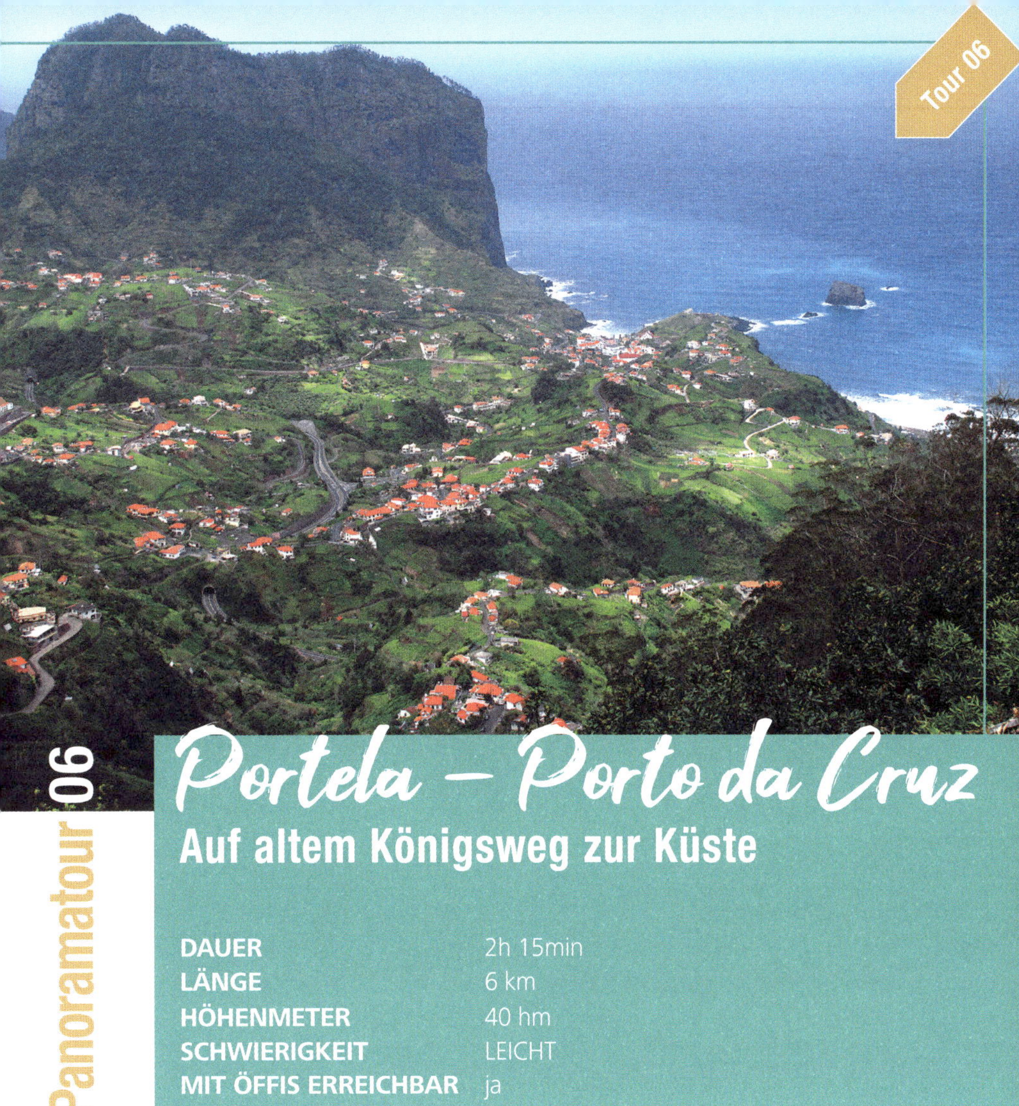

Tour 06

Panoramatour 06

Portela – Porto da Cruz

Auf altem Königsweg zur Küste

DAUER	2h 15min
LÄNGE	6 km
HÖHENMETER	40 hm
SCHWIERIGKEIT	LEICHT
MIT ÖFFIS ERREICHBAR	ja

Das erwartet dich ...

Diese relativ kurze Wanderung führt uns über einen alten Pflasterweg sowie Dorf- und Asphaltstraßen. Der Schotter macht die Pfade teilweise etwas rutschig. Es gibt kaum Gegenanstiege, was die Tour ein wenig erleichtert. Auf dem alten Verbindungsweg erwartet uns eine üppige Vegetation. Am Ende der schönen Wanderung erwartet uns mit dem Miradouro ein toller Aussichtspunkt.

Start & Ziel & Anreise

Der Ausgangspunkt liegt in Portela am Portelapass. Mit dem Auto erreichen wir den Portelapass über die ER 102 oder die ER 108 an der Küste entlang. Der Bus Nr. 53 fährt in 1¼ Stunden von Funchal nach Portela. Von Porto Cruz kann man mit derselben Linie nach Portela oder Funchal zurückfahren.

Tourenbeschreibung

Der klassische Saumpfad, der uns von Portela hinab nach Porto da Cruz begleitet, ist kunstvoll mit flachen Steinen gepflastert und hält eine vielfältige Flora bereit. Er ist Überbleibsel eines riesigen Netzes von alten Verbindungswegen, die früher die gesamte Insel durchzogen haben wie heute das Straßennetz. Von den mit Hand angelegten Pfaden sind heute jedoch nur noch einige wenige Bruchstücke vorhanden.

Am Weiler an der Portela-Passhöhe halten wir uns zunächst rechts zum Restaurant Miradouro de Portela. Dann folgen wir der asphaltierten Straße links vorbei. Sie mündet nur wenig später in einen Schotterweg. Eine Hinweistafel und das Schild „Caminho Municipal Portela – Cruz de Garda" schicken uns auf der Höhe des Gasthauses auf einen schmalen Pfad, der einem bewaldeten Hangrücken folgt. Bald gelangen wir an den Beginn des kunstvollen Steinpflasters; es schützt den teilweise sehr steilen Weg vor Erosionen. Wir kommen dennoch manchmal noch zu ein paar rutschigen Passagen, die ein wenig Trittsicherheit abverlangen. Der Weg leitet uns den dicht bewachsenen Hang hinunter. Wir folgen ein paar Serpentinen, die von Feldterrassen gesäumt werden, und erreichen nach gut eineinhalb Kilometern eine Steintreppe. Sie bringt uns in den kleinen Weiler Cruz da Guarda hinab.

Es geht an den Häusern vorbei auf eine Straßenkreuzung zu; hier lässt uns ein abgehender Weg mit einer spitzen Kurve nach links abbiegen. Dabei werden wir von einer kleinen Levada, einem künstlichen Wasserlauf, begleitet. In mehreren Kurven schlängelt sich die schmale Straße durch die teilweise üppig bewachsene Landschaft bis nach Folhadal. An der Kreuzung nach der Kapelle biegen wir rechts ein. Der Taleinschnitt der Ribeira de Volta führt uns nun weiter abwärts. Hier stoßen wir wieder auf den Verlauf des alten Pflasterweges, der zu unserer Überraschung auch noch mittels einer alten Steinbogenbrücke einen Bachlauf überquert. Dieses schöne Wegstück ist jedoch nur kurz, denn schon bald wandern wir wieder auf einer asphaltierten Straße, die uns zu einer Weggabelung bringt.

An eben jener Gabelung wenden wir uns nach rechts, in den Caminho Caetano Soares. Er führt uns nun stetig teilweise steil hinab durch den Ortsteil Serrado. Wir passieren bald mehrere Bauernhäuser und Fincas. Einen von rechts zu uns stoßenden Weg relativ knapp an der Küste ignorieren wir, um auf der Straße weiter nach links zu wandern. Am Hügelkamm beim Gebäude der Associação Grupo Cultural Flores de Maio angekommen schneiden wir eine S-Kurve ab, indem wir nach links über einen Feldweg einbiegen. An der folgenden Kreuzung bleiben wir geradeaus. Die Straße führt uns geradewegs zum Hauptplatz von Porta da Cruz, an deren Pfarrkirche wir die Tour beenden.

Autoren Tipp

In Porto da Cruz befindet sich eine alte Zuckerrohrfabrik. Sie wurde 1927 gegründet und produziert auch heute noch Rum und Honigmelasse – nach dem gleichen Verfahren wie zu Gründungszeiten. Weithin sichtbar und markant ist der 26 Meter hohe Turm. Zudem gibt es ein Strand- und Meeresschwimmbad. Das „Praia da Alagoa" mit schwarzem Sandstrand lädt bei ruhiger See zum Baden und Surfen ein. Das am Ende der kleinen Strandpromenade befindliche Meeresschwimmbad ist jedoch nur zur Saison in Betrieb.

Ilhéu da Viúva ou da Rocha do Navio
Ponta de Catarina Pires
Ponta do Clérigo
ATLANTISCHER OZEAN
OCEANO ATLÂNTICO
Cortado
529
Achada de Sto. António
Lombo do Clérigo
VE1
Fajã do Mar
Miradouro do Cortado
Miradouro do Guindaste
Praia do Faial
Miradouro Sra. do Bom Caminho
E.R.213
Kartódromo do Faial
Bar Gale
Garajôa
637
Faial
Penha de Águia de Baixo
Corujeira de Baixo
Lombo de Baixo
436
Penha de Águia (Adlerfelsen)
590
565
Cais
7
Vila Bela
E.R.103
E.R.108
Porto da Cruz
Lombo de Cima
São Roque do Faial
Maçapez
Praia do Larano
Terra do Batista
Cruzinhas
494
Achada
Larano
Ribeira Tem-te Não Caias
Serrado
Maiada
E.R.217
Cabeço do Rochão
543
Referta
Cova das Pedras
E.R.108
Cruz da Guarda
Folhadal
Pedreiro
713
Lombo do Cura
Miradouro da Portela
Funduras
622
Portela
Cabeço do Cura
666
Portela
Cabeço Furado
Lamaceiros
Levada da Portela
Ribeira de Machico
Pico do Suna
Lombo das Faias
E.R.108
Madeira da Igreja
1027
E.R.236
Bar A.Calcadina
Cabeço do Pinaco
E.R.102
E.R.108
Fajã das Vacas
E.R.238
Lombo Comprido
1173
Lombo Martinho
0
500 m
Santo António da Serra

07

Um Porto da Cruz

Eine Wandertour über unbekannte Wege

DAUER	2h 45min
LÄNGE	9,1 km
HÖHENMETER	430 hm
SCHWIERIGKEIT	MITTEL
MIT ÖFFIS ERREICHBAR	ja

Das erwartet dich ...

Die Wanderung rund um das malerische Dorf Porto da Cruz mutet wie ein schöner, langer Nachmittagsspaziergang an. Sie entführt uns über die Höhen rund um das malerische Dorf, das seinen Namen aufgrund des weißen Kreuzes erhielt, das die Entdecker in der einst als Hafen genutzten Bucht aufgestellt hatten. Der erste Abschnitt leitet uns an der Levada da Penha da Agua East. Der Wanderweg ist teils etwas verwachsen, aber dennoch gut erkennbar. Entlang der Levada bieten sich tolle Blicke auf den Ort.

Panoramatour 07

Start & Ziel & Anreise

Unser Ausgangspunkt ist das Hotel Vila da Bela in Porto da Cruz. Mit dem Auto erreichen wir den Ort über die ER 110. Parkmöglichkeiten gibt es im Ort. Von Funchal fahren mehrmals täglich Busse in den Ort.

Tourenbeschreibung

Wir starten am Hotel Vila Bela. Die Route führt uns über die Rua da Algoa zur ER 110. Wir überqueren sie, steigen wenige Minuten später einige Treppen hinauf und kreuzen nochmals die Hauptstraße schräg nach rechts. Die Straße endet am Casa Panoramico. Linker Hand steigen wir ein paar Treppen empor zum Einstieg in die Levada da Penha da Agua East. Der Weg ist in diesem Abschnitt recht zugewachsen, lange Hosen und ein Wanderstock sind gute Hilfsmittel, die üppigen Brombeerbüsche im Zaum zu halten. Dennoch ist der Weg gut begehbar. An einer kleinen Wiese biegt die Levada rechts ein, der Weg ist gut zu erkennen. Wir folgen ihr insgesamt eine gute halbe Stunde. Am Caminho Dom Sebastião verlassen wir die Levada. An der Kreuzung mit den offiziellen Wanderwegen halten wir uns links und erreichen nach wenigen Metern eine kleine Siedlung.

An einer der beiden Bars können wir uns kurz erfrischen, dann folgen wir den Schildern Richtung Levada de Castelejo. Sie bringt uns in einem kurzen, etwas steileren Anstieg in die Höhen um Porto da Cruz. Schon nach einer Viertelstunde steigen wir wieder mit ihr hinab bis zum Caminho da Rochinha. Die Straße führt uns nach links hinab, über die VE1 hinüber und weiter in Serpentinen bergab. Gut zweihundert Meter nach der dritten Kehre führen uns Treppen nach rechts hinunter in das Flusstal.

Wir folgen dem Flusslauf ein paar Meter, dann queren wir ihn über einen hölzernen Steg und eine Holzleiter wieder aufwärts. Über Stufen erreichen wir schließlich die Straße. Nicht ganz ohne Anstrengung müssen wir dann noch eine Treppe bewältigen, die uns auf den nächsten Hügel führt. Im Anschluss kreuzen wir ein Sträßchen und schwenken an der folgenden Straße nach rechts. Eine Treppe führt uns geradewegs hinab. An der Caminho do Cabo de Larano biegen wir rechts ein. Nach 500 Meter steigen wir ein paar Treppen hinab zum Strand Maiata und wandern gemütlich zurück zum Hotel Vila Bela. Hier lohnt es sich einzukehren: Man isst gut und das Restaurant liegt malerisch direkt am Meer.

Der Blick auf São Roque do Faial

ATLANTISCHER OZEAN
OCEANO ATLÂNTICO

Ilhéu da Viúva ou da Rocha do Navio
Ponta de Catarina Pires
Ponta do Clérigo
Lombo do Clérigo
VE1
Fajã do Mar
Miradouro do Cortado
Miradouro do Guindaste
Praia do Faial
Miradouro Sra. do Bom Caminho
E.R.213
Kartódromo do Faial
Garajóa
637
Faial
Bar Gale
Penha de Águia de Baixo
436
Penha de Águia (Adlerfelsen)
590
Lombo de Baixo
565
Praia Alagoa
Cais
Porto da Cruz
E.R.108
Lombo de Cima
São Roque do Faial
Maçapez
Praia da Maiata
Terra do Batista
Achada
Larano
E.R.217
Ribeira Tem-te Não Caias
Serrado
Maiada
Cabeço do Rochão
543
Cova das Pedras
Referta
Cruz da Guarda
Folhadal
Pedreiro
713
Pico da
Lombo do Cura
Miradouro da Portela
Funduras
622
Portela
Cabeço do Cura
666
Cabeço Furado
Lamaceiros
Levada da Portela
Portela
Pico do Suna
1027
Lombo das Faias
Ribeira de Machico
Fajã dos
E.R.108
Madeira da Igreja
E.R.236
Bar A.Calcadinha
Cabeço do Pinaco
Maroços
E.R.102
Fajã das Vacas
E.R.238
1173
Lombo Martinho
0 500 m

80

Porto da Cruz's Strände

Praia da Maiata und Praia da Alagoa

DAUER	-
LÄNGE	-
HÖHENMETER	-
SCHWIERIGKEIT	LEICHT
MIT ÖFFIS ERREICHBAR	ja

Das erwartet dich ...

Das charmante Örtchen Porto da Cruz an Madeiras Nordküste ist vom Tourismus noch wenig berührt, hat jedoch gleich zwei Strände zu bieten: Der Praia da Alagoa liegt nur einen Steinwurf entfernt etwas nördlich, der lang gezogene Praia da Maiata ist fußläufig ein wenig weiter entfernt in südlicher Richtung gelegen. Beide Strände sind Lavastrände, also mit feinem, dunklen Sand bedeckt.

Start & Ziel & Anreise

Porto da Cruz befindet sich im Nordosten der Insel. Der Ort ist mit dem Auto gut über die VE 1 zu erreichen. Von Funchal fahren mehrmals am Tag auch öffentliche Busse in den Ort.

Tourenbeschreibung

Ein wenig felsig geht es schon zu am Praia da Maiata – dennoch, der wunderschöne, für madeirianische Verhältnisse relativ lange Strand lädt zum Schlendern und Verweilen ein. Mit dem Schwimmen müssen wir ein wenig aufpassen, da es im seichteren Wasser einige scharfkantige Felsen gibt. Generell ist das Baden jedoch – wie auch beim Praia da Alagoa – in der Regel nur bei ruhigem Meer und Ebbe möglich. Von Porto da Cruz ist der Strand nicht ganz so leicht zu erreichen: Direkt von der Rua da Praia geht ein steiniger Pfad zum Strand ab. Es gibt keine Bars – für einen entspannten Strandtag sollten wir also unsere Verpflegung selbst mitnehmen.

Der kleinere, aber dafür breitere Praia da Alagoa liegt genau auf der anderen Seite von Porto da Cruz. Hier lässt es sich schon ein bisschen besser schwimmen und der Strand ist so breit, dass man auch ein paar andere Dingen machen kann außer

Sonnenbaden – wie zum Beispiel Beachvolleyball spielen. Auch hier mischt sich der schwarze Sand unter die rundgewaschenen Steine. Das Baden ist hier gerade landschaftlich besonders schön, da wir genau unter der fast 500 Meter hohen Steilwand des Adlerfelsens schwimmen. Bei windigeren Verhältnissen rollen sogar surfertaugliche Wellen an; so hat sich Porto da Cruz nicht ohne Grund zum zweiten Surfhotspot Madeiras entwickelt. Bei der ansässigen Surfschule haben wir die Möglichkeit, „erste Schritte" auf dem Surfbrett zu wagen. Direkt am Strand gibt es eine Bar mit Restaurant, an der wir Liegestühle und Sonnenschirme mieten können. Vom Ort aus erreichen wir ihn über die Rua da Alagoa, aber es gibt auch Parkplätze direkt am Strand.

Außer den beiden Naturstränden hat Porto da Cruz noch mehr zu bieten: Am Ende der Strandpromenade wird in der Hochsaison ein Meeresschwimmbad betrieben. Es befindet sich in einem vom Meer vollständig getrennten Becken, daher ist das Baden dort während der Saison eigentlich immer möglich. Wer mal Pause vom Strand braucht, den lockt die alte Zuckerrohrfabrik. Sie produziert noch immer auf die gleiche Art und Weise Zucker wie zu den Zeiten, zu denen sie vor etwa einhundert Jahren errichtet wurde. Nicht zu übersehen ist dann der Dampf, der aus dem markanten, 26 Meter hohen Turm aufsteigt.

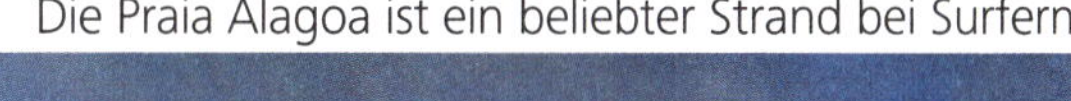

Die Praia Alagoa ist ein beliebter Strand bei Surfern

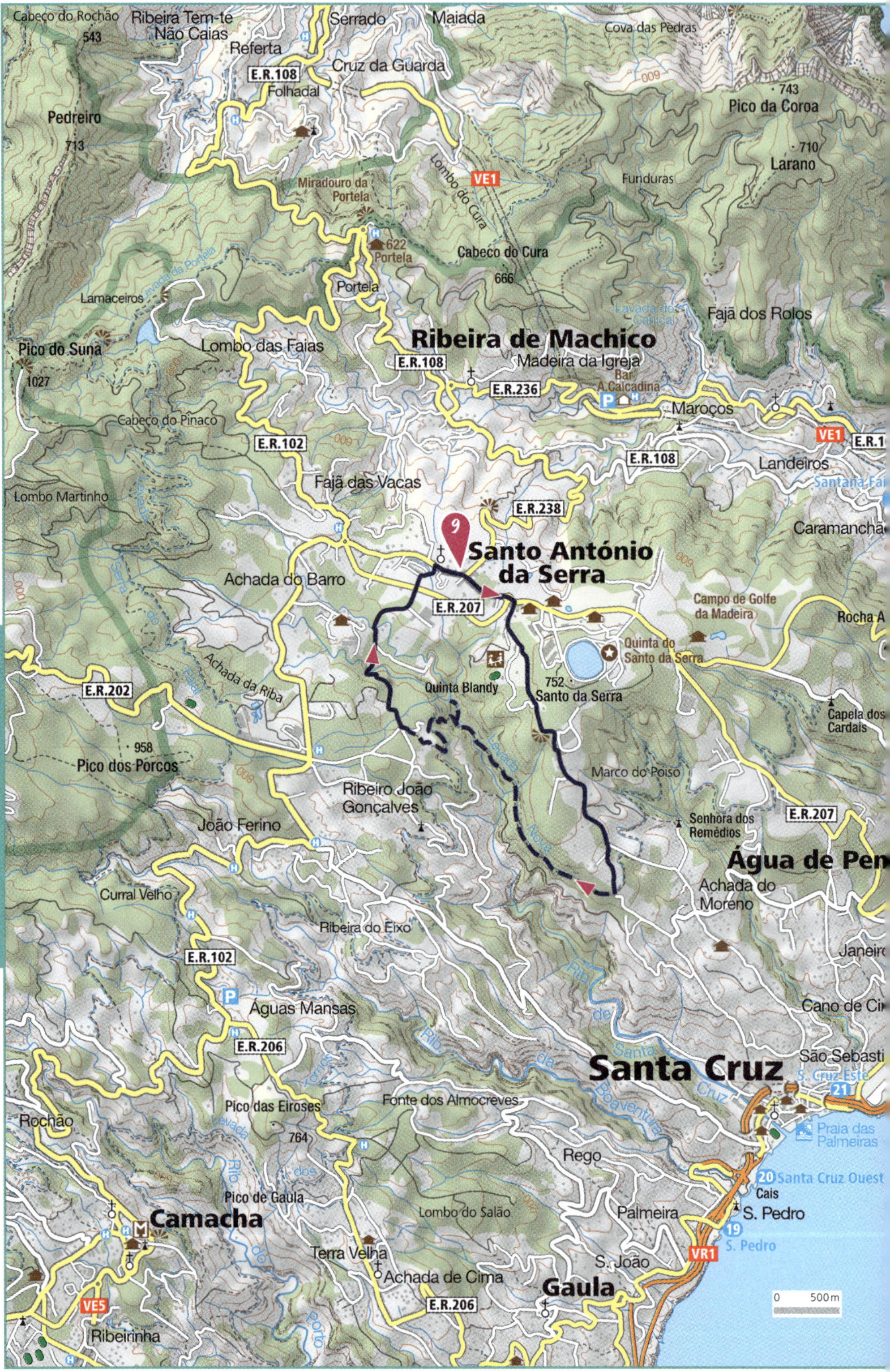
Cabeço do Rochão
543
Ribeira Tem-te Não Caias
Serrado
Maiada
Referta
Cova das Pedras
E.R.108
Cruz da Guarda
Folhadal
743
Pico da Coroa
Pedreiro
713
710
Larano
VE1
Funduras
Lombo do Cura
Miradouro da Portela
622
Portela
Cabeço do Cura
666
Portela
Lamaceiros
Levada da Portela
Levada do Caniçal
Fajã dos Rolos
Pico do Suna
1027
Lombo das Faias
Ribeira de Machico
E.R.108
Madeira da Igreja
Bar A Calcadinha
E.R.236
Maroços
Cabeço do Pinaco
E.R.102
VE1
E.R.1
E.R.108
Landeiros
Santana Fai
Fajã das Vacas
Lombo Martinho
E.R.238
Caramanchã
9
Santo António da Serra
Achada do Barro
E.R.207
Campo de Golfe da Madeira
Rocha A
Quinta do Santo da Serra
Achada da Riba
Quinta Blandy
752
Santo da Serra
E.R.202
Capela dos Cardais
958
Pico dos Porcos
Levada Nova
Marco do Poiso
Ribeiro João Gonçalves
Senhora dos Remédios
E.R.207
João Ferino
Água de Pen
Achada do Moreno
Curral Velho
Ribeira do Eixo
Janeiro
E.R.102
Águas Mansas
Cano de Ci
E.R.206
São Sebasti
Santa Cruz
S. Cruz Este
21
Ribeira da Boaventura
Pico das Eiroses
Fonte dos Almocreves
Rochão
764
Praia das Palmeiras
Rego
20 Santa Cruz Ouest
Cais
Pico de Gaula
Camacha
Lombo do Salão
Palmeira
S. Pedro
19
S. Pedro
Terra Velha
VR1
S. João
Achada de Cima
Gaula
VE5
E.R.206
0 500m
Ribeirinha

Santo-da-Serra-Runde

Rundtour zur Levada Nova

DAUER	3h
LÄNGE	9,5 km
HÖHENMETER	220 hm
SCHWIERIGKEIT	LEICHT
MIT ÖFFIS ERREICHBAR	ja

Das erwartet dich ...

Die einfache Wanderung führt uns über Asphaltstraßen, Feldwege und an der Levada Nova, einem klassischen Levadaweg, entlang. Bei der brückenlosen Überquerung der Ribeira de Santa Cruz müssen wir ein wenig Trittsicherheit und Geschicklichkeit an den Tag legen. Sollte der Wasserstand zu hoch sein, muss man durch den Bachlauf waten. Erschwerend kommt hinzu, dass die Route kaum markiert ist; Orientierungssinn ist hier von Vorteil.

Start & Ziel & Anreise

Wir beginnen die Wanderung vom Hauptplatz von Santo da Serra. Parkmöglichkeiten gibt es nahe der Kirche Igreja do Santo da Serra. Den Ort erreichen wir mit dem Auto über die Via Rapida 1. Von Funchal fährt der Bus der Linie 77 über Camacha nach Santo da Serra. Die SAM-Linie Nr. 20 führt von Funchal über den Flughafen und Machico nach Santo da Serra.

Tourenbeschreibung

In der kleinen Santo-da-Serra-Runde gibt es auf dem Teilstück der Levada Nova keine ausgesetzten Stellen. Außer der Überquerung des Bachbettes gibt es keine nennenswerten, technischen Schwierigkeiten. Der Ausgangsort Santo António da Serra (abgekürzt Santo da Serra) ist ein beliebter Urlaubsort. Er lockt mit kleinen Restaurants, romantischen Hotels und einem Herrschaftssitz mit herrlichem Garten. In der näheren Umgebung gibt es sogar einen Golfplatz. Der sonntägliche Markt bietet ein buntes Treiben, zu dem die Einheimischen aus allen Richtungen heranströmen.

Vom Dorfplatz von Santo da Serra aus folgen wir zunächst der ER 207 nach Südosten, Richtung Água de Pena. Am Kreisverkehr hinter dem Golfclubhaus halten wir uns rechts, um in eine schmälere Nebenstraße abzubiegen. Eben wandern wir aus dem Dorf hinaus bis zum Anwesen Quinta da Santo da Serra.

Das ehemalige britische Herrschaftshaus fällt durch seine noble Umzäunung auf. Es wurde samt Gartenanlage von der Gemeinde erworben. Heute ist es eine öffentliche Parkanlage samt Spielflächen und kleinem, botanischem Garten. Hinter den Wohnhäusern senkt sich die Asphaltstraße steil ab. Nach ein paar kurvigen Schwüngen erreichen wir die Levada, die mittels eines Kanals unter der Straße durchgeleitet wird.

Rechter Hand befindet sich der Levadaeinstieg; der Begleitweg der Levada Nova de Santa Cruz führt uns nun gegen die Fließrichtung oberhalb des Tales der Ribeira de Santa Cruz in den Wald hinein. Auf dem teils restaurierten Weg bewältigen wir ein paar luftige Stellen die sich auftun, wenn der Baumbewuchs im steilen Gelände zurückweicht und die schönen Tiefblicke freigibt.

Rasch nähern wir uns dem Talboden und gelangen schließlich an eine Wehranlage, mit der Wasser in die Levada eingeleitet wird. Der Begleitweg ist hier unterbrochen; so folgen wir dem undeutlich mit roten Punkten markierten Weg zur Bachsohle hinunter. Hier überqueren wir den Fluss oder waten bei zu hohem Wasserstand hindurch. Die Brücke wurde von einem Hochwasser zerstört. Am gegenüberliegenden Ufer müssen wir nach den roten Punkten suchen, um weiter im fast weglosen Waldgelände nach oben steigen zu können. So gelangen wir zum Beginn der Levada dos Tornos, die das Wasser aus dem Tal nach Westen leitet.

Wir halten uns links auf den Begleitweg und folgen ihm ca. 150 Meter bis zum Levadaausstieg. Hier wandern wir nach rechts auf einen gepflasterten Saumweg. Ein zunächst steiler, dann allmählich abflachender Gegenanstieg bringt uns an Gärten vorbei empor. Am Fahrweg biegen wir dann links ein. Kurze Zeit darauf schwenken wir an einem eingezäunten Grundstück nach rechts. Die asphaltierte Waldstraße bringt und in das dicht bewaldete Tal der Ribeira Morena de Santa Cruz.

Mittels einer Steinbrücke überqueren wir den romantischen Bachlauf, dann beginnt ein Gegenanstieg, der uns in das ländliche Gebiet rund um Santo da Serra führt. Die beiden folgenden Kreuzungen überqueren wir geradeaus, dann erreichen wir die Bungalow-Siedlung Quinta das Eiras mit ihren auf Stelzen stehenden Holzhäuschen. Wir laufen nur noch wenige Hundert Meter, bis die Nebenstraße in die Hauptstraße von Santo da Serra, die ER 207, mündet. Wir folgen dem Weg nach rechts zurück zum Parkplatz.

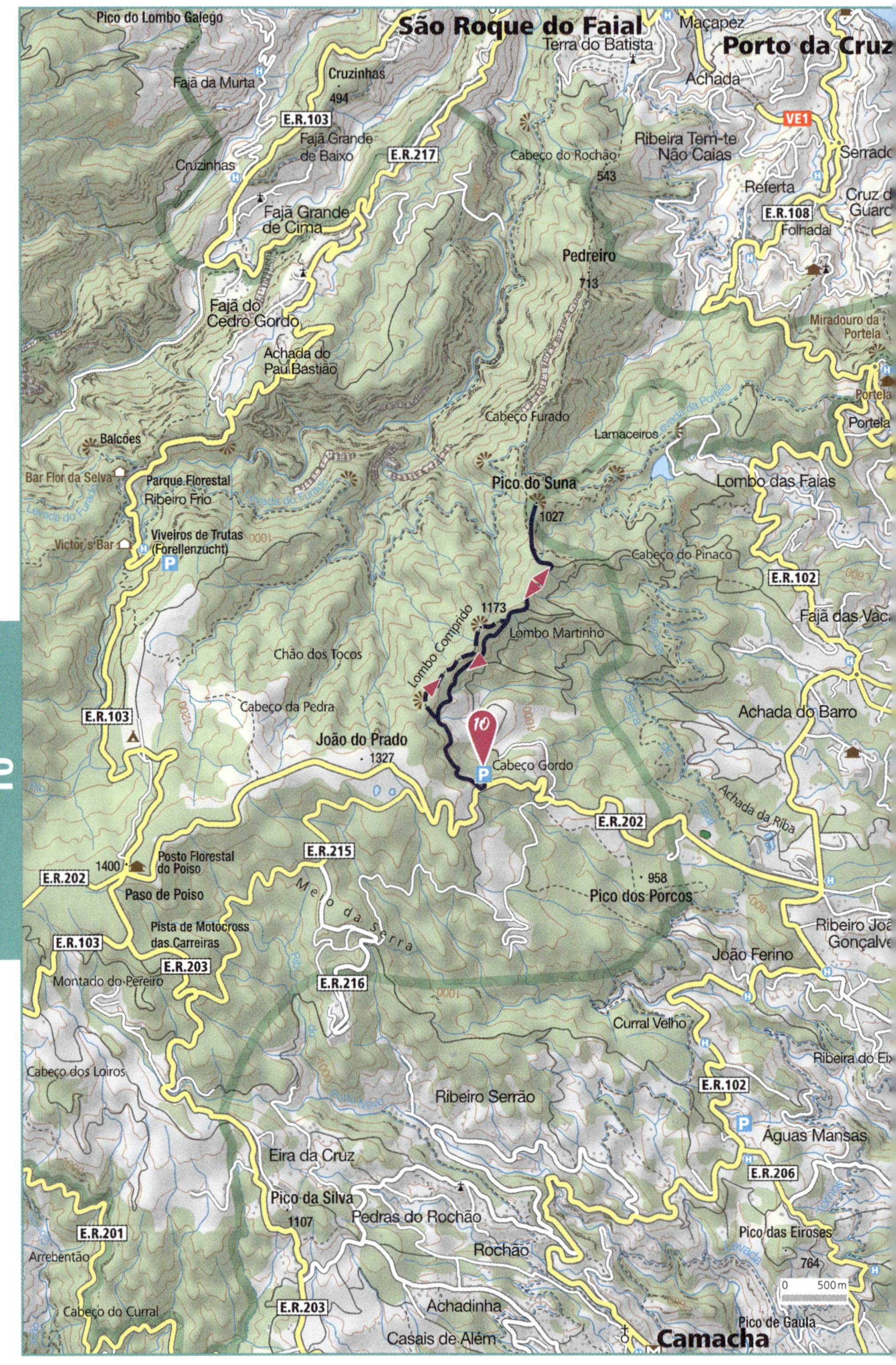
São Roque do Faial
Porto da Cruz
Pico do Lombo Galego
Fajã da Murta
Cruzinhas
494
E.R.103
Fajã Grande de Baixo
E.R.217
Terra do Batista
Maçapez
Achada
VE1
Serrado
Cabeço do Rochão
543
Ribeira Tem-te Não Caias
Referta
E.R.108
Folhadal
Cruzinhas
Fajã Grande de Cima
Pedreiro
713
Fajã do Cedro Gordo
Achada do Paul Bastião
Miradouro da Portela
Portela
Cabeço Furado
Lamaceiros
Balcões
Bar Flor da Selva
Parque Florestal Ribeiro Frio
Levada do Furado
Pico do Suna
1027
Lombo das Faias
Victor's Bar
Viveiros de Trutas (Forellenzucht)
Cabeço do Pinaco
E.R.102
1173
Lombo Comprido
Lombo Martinho
Fajã das Vac
Chão dos Tocos
E.R.103
Cabeço da Pedra
Achada do Barro
10
João do Prado
1327
Cabeço Gordo
Achada da Riba
E.R.202
E.R.215
1400
Posto Florestal do Poiso
E.R.202
Paso de Poiso
958
Pico dos Porcos
Meio da Serra
Pista de Motocross das Carreiras
E.R.103
E.R.203
Ribeiro Joã Gonçalve
João Ferino
Montado do Pereiro
E.R.216
Curral Velho
Cabeço dos Loiros
Ribeira do Ei
E.R.102
Ribeiro Serrão
Águas Mansas
Eira da Cruz
E.R.206
Pico da Silva
1107
Pedras do Rochão
E.R.201
Pico das Eiroses
Arrebentão
Rochão
764
0 500 m
Cabeço do Curral
E.R.203
Achadinha
Pico de Gaula
Casais de Além
Camacha

10

Pico do Suna

Ein leichter Eintausender

DAUER	1h 45min
LÄNGE	6 km
HÖHENMETER	150 hm
SCHWIERIGKEIT	LEICHT
MIT ÖFFIS ERREICHBAR	nein

Das erwartet dich ...

Zum Gipfel aufsteigen mal umgekehrt: Die einfache und kurze Wanderung führt uns über angenehme Forstwege und Heidepfade; dabei verläuft der „Anstieg" meist abwärts. Erst auf dem Rückweg geht's hinauf. Bei Nebel ist die Orientierung ein wenig schwierig. Da der einfache Gipfel nicht überlaufen ist, können wir die eigentümliche Landschaft in aller Ruhe genießen.

Start & Ziel & Anreise

Der Startpunkt unserer Tour befindet sich am Beginn der Forststraße an der ER 202 etwas westlich der bewaldeten Kuppe Cabeço Gordo. Hier befinden sich auch Parkplätze. Der Ausgangspunkt ist nicht mit öffentlichen Verkehrsmitteln zu erreichen.

Tourenbeschreibung

Der Pico do Suna ist ein eher unscheinbarer Berg. Er befindet sich im Hinterland von Santo da Serra und ist leicht über eine Forststraße zu erreichen. Auf dem 1.027 Meter hohen Gipfel steht ein Feuerwachturm. Falls er geöffnet ist, erblicken wir von der Aussichtsterrasse die Ostseite der Insel, obgleich er als Ausläufer des zentralen Bergmassivs sehr unscheinbar wirkt. An klaren Tagen sehen wir die schroffen Gipfel und Grate der Zentralkette wie Pico Arieiro oder Pico do Gato, die sich im Hintergrund aufbauen. Die Wanderung ist nicht sehr überlaufen, weshalb wir die interessante Landschaft aus Weiden und Ginstergebüschfluren fast für uns alleine haben.

Los geht es an der Einmündung eines Forstweges; er trifft circa auf halber Strecke zwischen Sitio do Quatro Estradas und dem Poisopass im rechten Winkel auf die ER 202. Nach nur wenigen Metern passieren wir eine Schranke. Fahrzeugen bleibt somit der Weg versperrt, die Wanderer bleiben ungestört. Die steinige Piste bringt uns nordwärts leicht hinauf. Nach einer Viertelstunde gelangen wir an der lang gestreckten Rechtskurve der Forststraße an die Abzweigung eines etwas undeutlichen Saumpfades. Er führt fast im rechten Winkel nach links und zieht die mit Ginster bewachsenen Hänge hinauf. Rasch erreichen wir auf dem steilen Steig die Anhöhe des Lombo Comprido. Dieser waldfreie Rücken empfängt uns mit einer Erhebung von 1.173 Metern.

Den quer verlaufenden Wegen, denen wir hier begegnen, folgen wir nordwärts. Knapp hinter dem höchsten Punkt des Rückens bringen uns die Steige wieder abwärts zurück zur Forststraße. Hier schwenken wir nach rechts ein und durchqueren einige Einschnitte in den mit Ginster und Baumerika bewachsenen Hängen. Dabei genießen wir weitreichende Blicke über das wellige Hinterland oberhalb von Santo da Serra. An den beiden folgenden Weggabelungen entscheiden wir uns stets für den linken bzw. geradeausführenden Weg. Er leitet uns an einem Steinbruch vorbei leicht aufwärts. Zehn Minuten später haben wir die bewaldete Kuppe des Pico do Suna erreicht. Dabei würde die Forststraße bei der zweiten Abzweigung abwärts in Richtung Portela führen. Manchmal ist der Feuerturm geöffnet, dann haben wir von der Aussichtsplattform ein herrliches Panorama.

Wir machen uns auf den Rückweg. Er schickt uns stetig über den Forstweg. Dabei laufen wir ein kurzes Stück hinab, dann stetig aufwärts. Nach einer Dreiviertelstunde senkt sich die Straße. Nur wenig später mündet sie an der Schranke in die ER 202 ein und bringt uns zurück zu unserem Ausgangspunkt.

Autoren Tipp

Nahe Santo António da Serra im Wald von Laurissilva befindet sich der Ribeira Primeira Park. In diesem Freizeitpark befinden sich elf Lagunen, in denen die Besucher zum Forellenfischen eingeladen werden. Der selbst gefangene Fisch kann an einem Grillplatz direkt zubereitet und verzehrt werden. Er ist Mittwoch bis Sonntag von 10 bis 17 Uhr geöffnet. www.parqueribeiraprimeira.com

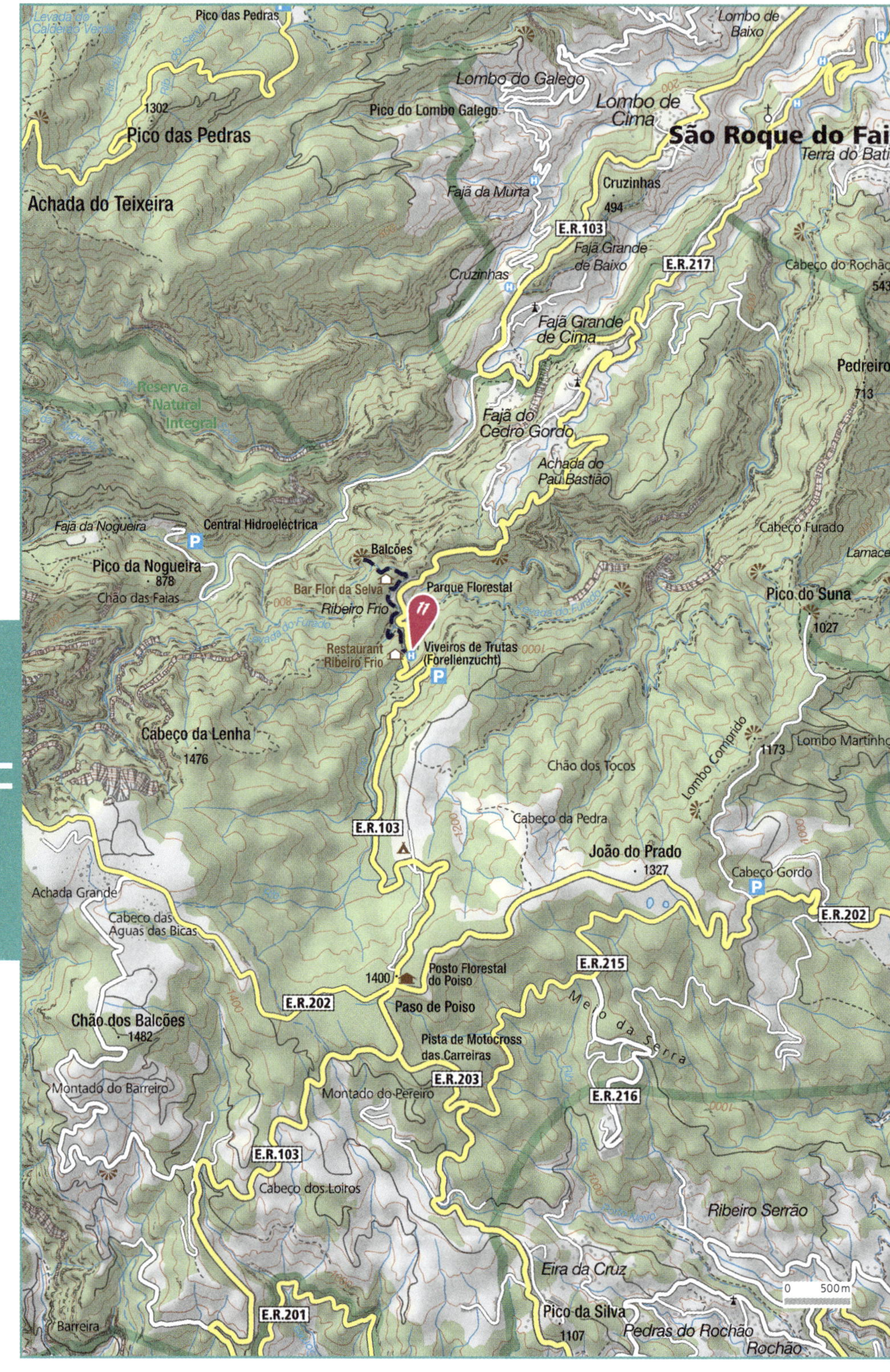

Pico das Pedras
1302
Pico das Pedras
Achada do Teixeira
Lombo do Galego
Pico do Lombo Galego
Lombo de Cima
Lombo de Baixo
São Roque do Fai
Terra do Bati
Fajã da Murta
Cruzinhas
494
E.R.103
Fajã Grande de Baixo
E.R.217
Cabeço do Rochão
543
Cruzinhas
Fajã Grande de Cima
Pedreiro
713
Reserva Natural Integral
Fajã do Cedro Gordo
Achada do Pau Bastião
Fajã da Nogueira
Central Hidroeléctrica
Cabeço Furado
Lamace
Balcões
Pico da Nogueira
878
Chão das Faias
Bar Flor da Selva
Parque Florestal
Ribeiro Frio
Pico do Suna
1027
Restaurant Ribeiro Frio
Viveiros de Trutas (Forellenzucht)
Cabeço da Lenha
1476
Lombo Comprido
1173
Lombo Martinho
Chão dos Tocos
Cabeço da Pedra
E.R.103
João do Prado
1327
Cabeço Gordo
E.R.202
Achada Grande
Cabeço das Aguas das Bicas
1400
Posto Florestal do Poiso
E.R.215
E.R.202
Paso de Poiso
Meio da Serra
Chão dos Balcões
1482
Pista de Motocross das Carreiras
Montado do Barreiro
E.R.203
Montado do Pereiro
E.R.216
E.R.103
Cabeço dos Loiros
Ribeiro Serrão
Eira da Cruz
0 500 m
E.R.201
Pico da Silva
1107
Pedras do Rochão
Rochão
Barreira

11

Balcões

Zu einem herrlichen Aussichtspunkt

DAUER	1h 15min
LÄNGE	3,5 km
HÖHENMETER	15 hm
SCHWIERIGKEIT	LEICHT
MIT ÖFFIS ERREICHBAR	ja

Das erwartet dich ...

Die einfache und kurze Streckenwanderung verläuft über ebene und breite Waldwege. Es gibt kaum Höhenunterschiede und auch keine ausgesetzten Wegstellen, so ist sie besonders geeignet für Familien mit Kindern. Am Aussichtspunkt befindet sich eine Plattform mit Geländer, von der aus man einen herrlichen Blick hat sowie eine gemütliche Picknickbank.

Panoramatour 11

Start & Ziel & Anreise

Der Ausgangspunkt ist in Ribeiro Frio. Der Ort liegt an der ER 103, über die er mit dem Auto gut zu erreichen ist. Von Funchal fährt der Bus 103 nach Ribeiro Frio.

Tourenbeschreibung

Diese doch recht kurze und technisch einfache Wanderung steht unter dem Motto „In der Kürze liegt die Würze" – sowohl der Hin- als auch Rückweg führen über einen breiten Waldweg ohne wirkliche Höhenunterschiede und lässt sich in knapp eineinhalb Stunden bewältigen. Dabei wandern wir durch einen herrlichen Lorbeerwald. Vor Augen haben wir ein ebenso attraktives Ziel: Eine schwindelerregende Aussichtsplattform mit Blick auf das Zentralgebirge sowie in das Tal der Faja do Nogueira bis hin zur Nordküste und seinem Adlerfelsen bei Faial und Porto da Cruz. Von links nach rechts sieht man den Pico do Arieiro, den Pico das Torres, und den Pico Ruivo, mit 1.862 Meter der höchste Berg auf Madeira und die dritthöchste Erhebung Portugals. Eine alte, teils verfallene Levada führt uns mit einigen Querungen über alte Kulturterrassen durch den noch gut erhaltenen Lorbeerwald. Der Miradouro, der Aussichtsbalkon, befindet sich am Wanderweg PR 11, dem Levada-Wanderweg Vereda dos Balcões.

Ungefähr 150 Meter unterhalb des Restaurants von Ribeiro Frio befindet sich der Einstieg zum Wanderweg. Wegweiser und Infotafel markieren ihn auf der linken Seite der Straße. Der breite Weg bringt uns entlang einer Levada den Hang hinein. Dann wandern wir am Waldrand entlang weiter, unter uns schön angelegte Kulturterrassen. Am rechten Wegrand in einer Kurve passieren wir bald darauf die Bar „Flor da Selva". Wollmützen werden hier als Souvenir angeboten. Sie werden von alten Frauen gestrickt, die am Wegrand sitzen.

Hinter der nächsten Bar wechselt der Weg in einem engen Durchstich auf den nördlichen Hangrücken. Der Lorbeerwald nimmt uns wieder auf und empfängt uns mit Kettenfarnen, Venusnabeln und Kanarischem Lorbeer. Aufmerksamen Besuchern begegnen hier auch typische Bewohner des Lorbeerwaldes wie der Mäusebussard, die Silberhalstaube oder auch das Madeira-Sommergoldhähnchen, das wegen seines charakteristischen Rufes „Bisbis" genannt wird.

Kurz vor dem Aussichtspunkt biegt die Levada nach links. Wir folgen dem breiten Weg in den Hang hinein, der jedoch schon bald gesperrt ist. Hier halten wir uns rechts und erreichen nach 150 Metern die Aussichtsplattform Balcões. Unvermittelt tut sich der freie Blick hoch über dem Tal des Ribeira da Merade auf. Oft ziehen hier die Nebelschwaden durch, was dem Gedeihen und Wachsen des Lorbeerwaldes sehr zugute kommt. Eine Schar Madeira-Buchfinken erwartet uns bereits an der Plattform und wartet auf kleine Leckereien seitens der Besucher. Der Rückweg führt uns schließlich auf derselben Route unmittelbar zurück zum Ausgangspunkt.

Autoren Tipp

Es empfiehlt sich ein Besuch der Forellenzuchtstation mit anliegendem Botanischen Garten. Dort erwarten uns zahlreiche endemische Pflanzen des Lorbeerwaldes. Reizvoll sind die Baumfarne sowie die Blüten des Madeira-Storchnabels oder der Honig-Wolfsmilch. Die Anlagen verteilen sich auf beide Seiten der Straße oberhalb der Forstverwaltung. Ihre Besichtigung dauert etwa eine halbe Stunde. In dem glasklaren Wasser lassen sich die Forellen in ihren runden und eckigen Steinbecken gut beobachten.

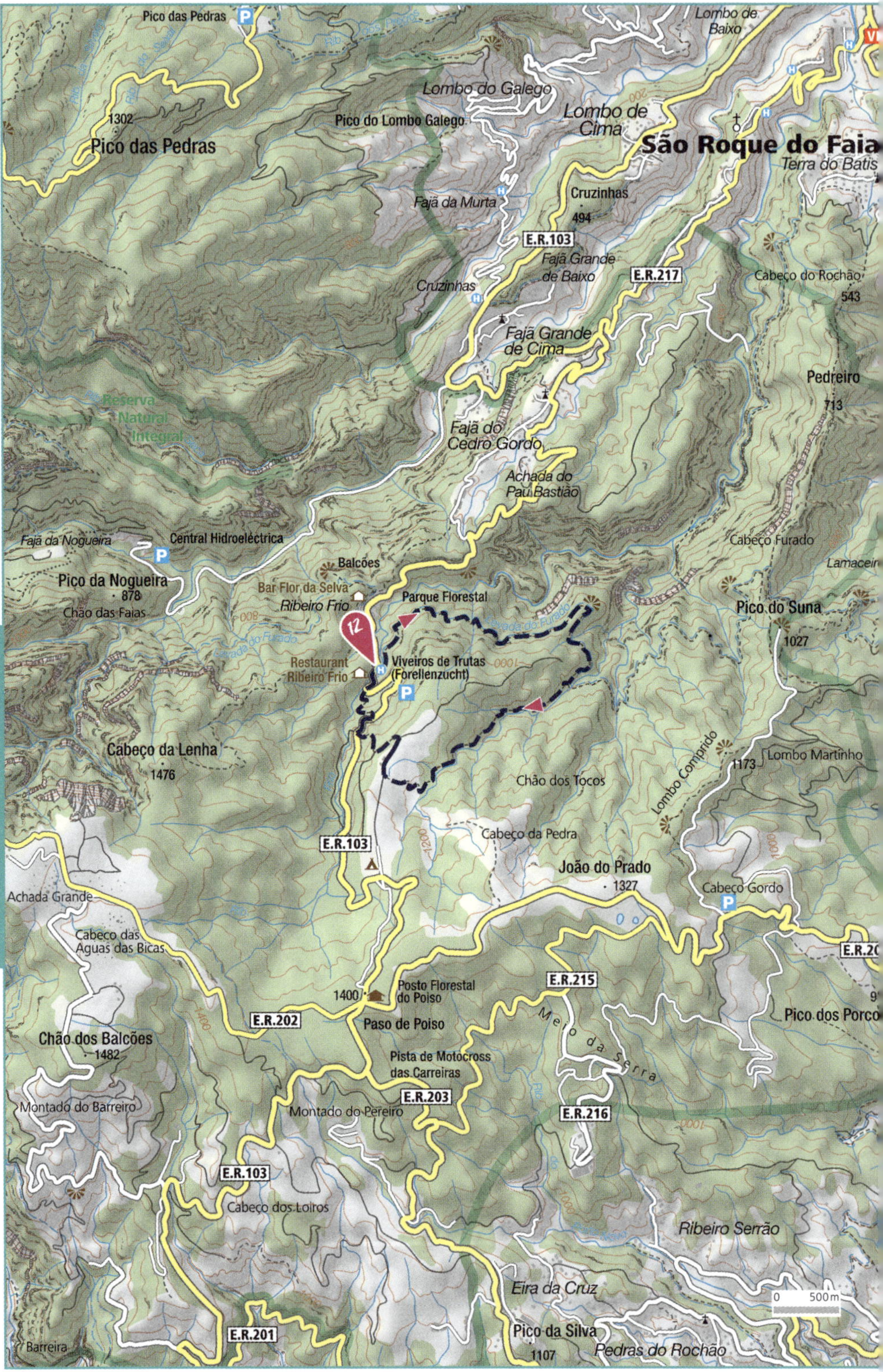

12

Pico das Pedras
Lombo de Baixo
Lombo do Galego
Lombo de Cima
1302
Pico do Lombo Galego
Pico das Pedras
São Roque do Faia
Terra do Batis
Cruzinhas
494
Fajã da Murta
E.R.103
Fajã Grande de Baixo
E.R.217
Cabeço do Rochão
543
Cruzinhas
Fajã Grande de Cima
Pedreiro
713
Reserva Natural Integral
Fajã do Cedro Gordo
Achada do Paú Bastião
Fajã da Nogueira
Central Hidroeléctrica
Cabeço Furado
Lamaceir
Balcões
Pico da Nogueira
878
Bar Flor da Selva
Ribeiro Frio
Parque Florestal
Chão das Faias
Pico do Suna
1027
Restaurant Ribeiro Frio
Viveiros de Trutas (Forellenzucht)
Cabeço da Lenha
1476
Lombo Comprido
1173
Lombo Martinho
Chão dos Tocos
E.R.103
Cabeço da Pedra
João do Prado
1327
Cabeço Gordo
Achada Grande
Cabeço das Aguas das Bicas
E.R.215
1400
Posto Florestal do Poiso
E.R.202
Paso de Poiso
Pico dos Porco
Chão dos Balcões
1482
Meio da Serra
Pista de Motocross das Carreiras
Montado do Barreiro
E.R.203
Montado do Pereiro
E.R.216
E.R.103
Cabeço dos Loiros
Ribeiro Serrão
Eira da Cruz
0 500 m
E.R.201
Pico da Silva
1107
Pedras do Rochão
Barreira

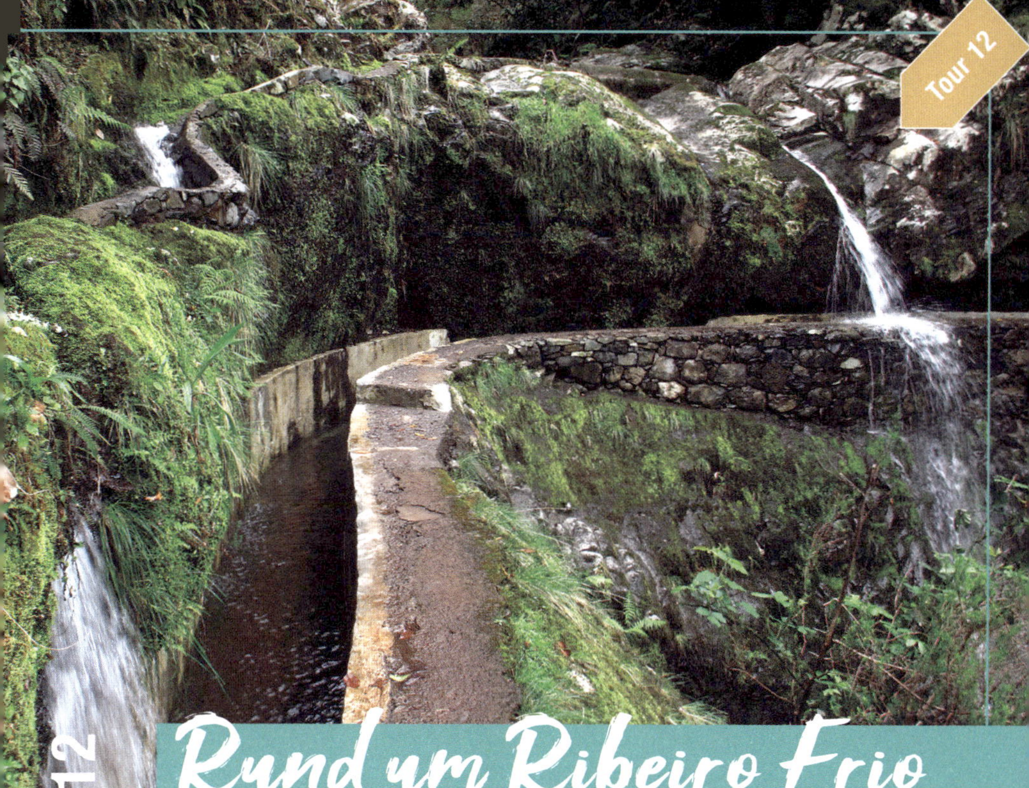

Waldtour 12

Rund um Ribeiro Frio

Durch Lorbeerwald zur Forellenzucht

DAUER	2h
LÄNGE	7,5 km
HÖHENMETER	300 hm
SCHWIERIGKEIT	MITTEL
MIT ÖFFIS ERREICHBAR	ja

Das erwartet dich ...

Die nicht allzu lange Runde erwartet uns mit teils steilen und etwas unangenehmen Anstiegen. Im mittleren Teil müssen wir gröbere Gesteinsblöcke bewältigen und uns unseren Weg durch dichte Vegetation bahnen. Nach Regenfällen kann es an manchen Stellen sehr rutschig werden. Somit sind lange Hosen und festes Schuhwerk unabdingbar. In Ribeiro Frio warten mehrere hervorragende Fischrestaurants auf uns.

Start & Ziel & Anreise

Ausgangspunkt ist das romantische Ribeiro Frio. Von Funchal aus erreichen wir den Ort über die ER 103 Richtung Faial. Die Busse 53 und 103 fahren von und nach Funchal.

Tourenbeschreibung

Die Wanderung entlang der Levada do Furado nach Portela gehört zu einer der Paradetouren in der Region. Daneben lässt sich jedoch noch ein weiterer, sehr schöner Rundweg absolvieren, den man mit einer späteren Einkehr in einem Fischlokal abschließen kann. Die Streckenlänge ist überschaubar, doch sollte man sich auf ein paar Tücken einstellen. Aufgrund des feuchten lokalen Klimas können manche Stellen der erdigen Wege schnell rutschig werden. Daher lieber besser ausgerüstet starten, als die Länge der Tour es erfordern würde. Bei nebligen Bedingungen weicht man lieber auf eine andere Wanderung aus, da die Orientierung dann hier sehr schwierig werden kann.

Wir starten beim Restaurant Ribeiro Frio und folgen – wie bei der Levada-Wanderung – im ersten Drittel dem Wasserkanal. Das schnell fließende Wasser und Licht- und Schattenspiele begleiten uns dieses Stück. Nach 20 Minuten erreichen wir einen Tunnel, weitere 40 Minuten später gelangen wir an den Taleinschnitt der Ribeiro do Poço do Bezerro, aus dem zwei Kanäle in die Haupt-Levada münden. Hier zweigen wir vom Wasserkanal ab und wandern auf Pfadspuren in den Bachgraben der Ribeira do Poço do Bezerro. Hinter dem linken Kanal steigen wir über die Geländekante zwei Meter in den Wald hinein – dort beginnt ein ausgetretener Pfad.

Gut 300 Höhenmeter steigen wir nun an der Levada bergwärts, begleitet von dichtem Unterholz und hohen Farnen. Unterwegs finden sich dabei immer wieder kleine Gumpen im Bachlauf, gefüllt mit kristallklarem Wasser. Nach einer Stunde anspruchsvollem Aufstieg über Grobblock und rutschige Wege gelangen wir an die Quelle der Ribeira do Poço do Bezerra, die uns als herrlicher kleiner Felspool erscheint. Circa 30 Meter davor zweigt links ein schmaler Pfad ab, markiert durch einen Stein.

Die Route verlässt kurz den Wald und quert die Kuppe des Chão das Feiteiras. Ein seltsamer, sehr großer Fels kennzeichnet den kommenden Wegabschnitt, der wiederum durch mannshohe Farnstauden führt. Am Ende der Hochebene stoßen wir auf einen Forstweg gegenüber von drei Bauernhäusern. Hier biegen wir rechts ein und folgen nur wenige Minuten später einem Graspfad nach links. Hinter dem Gatter wandern wir auf einem Schotterweg der ER 103 entgegen.

An der Straße schwenken wir nach rechts. Nach circa 150 Metern biegen wir links ab. Der Pfad kürzt die folgende Haarnadelkurve. Er ist die Fortsetzung des alten Weges nach Ribeiro Frio, der am Ende über eine lange, moosbewachsene Steintreppe auf die Becken der Forellenzucht zuläuft. In gemütlichem Tempo lässt sich die Zuchtanlage mit dem kleinen Botanischen Garten am besten erkunden.

Am Ende der Tour lädt das Restaurant Ribeiro Frio oder eines der vielen anderen Lokale zu einem frischen Forellengericht als Stärkung ein. Das Restaurant Ribeiro Frio serviert seit über 30 Jahren Forellen in allen Variationen, zudem Suppen, Omeletts, Salate und Pastas. Zwischen 10 und 12 Uhr sollte das Restaurant gemieden werden, denn dann stoppen hier die Busse der Inselrundfahren zu einer mittäglichen Pause. Nachmittags wird es bedeutend ruhiger. Besonders zu empfehlen ist neben den Forellen auch der Schwertfisch mit Banane oder ein Thunfischsteak.

ATLANTISCHER OZEAN
OCEANO ATLÂNTICO
Reserva Natural da Rocha do Navi
Ponta de S. Jorge
Farol de S. Jorge
Miradouro da Vigia
Farrobo
Poio
Pontinha
Curral da Rocha
Terras de Fora
Praia de S. Jorge
Calhau
São Jorge
Igreja do São Jorge
Lapa Negra
Achada Grande
Rocha das Vinhas
Achada do Gramacho
Quinta do Furão
E.R.101
Lombo da Cunha
Rainha
507
Pico
Lombo do Pico
Achada da Cruz
Pico do Tanoeiro
Fonte Grande
Faias
Rib. Grande de S. Jorge
Fajã Alta
VE1
Pinheiro
346
Quebrada Grande
Teleférico da Rocha do Navio
Ilhéu da Vi ou da Roc do Navio
Ilha
Achada do Milheiro
Garnal
Ermida
E.R.219
Lombo de Antão Alves
Barreiro
Santana
E.R.213
Ponta de Catar Pires
Cortado
529
Achada de Sto. António
Casas de Colmo
Hotel o Colmo
Lombo do Meio
Miradouro do Cabeço do Resto
Silveira
Fonte da Pedra
Achada do Marques
Lombo do Curral
Cova do Curral
Casas Típicas de Santana
Feiteira do Nuno
Mirado do Cort
E.R.213
Miradouro Sra. Bom Caminho
Posto Florestal
Vale da Lapa
0 500 m
893
E.R.218
Feiteira de Cima
Garajóa
637
Fai

13

Nach São Jorge

An der Küste entlang im stillen Norden der Insel

DAUER	2h 30min
LÄNGE	7 km
HÖHENMETER	320 hm
SCHWIERIGKEIT	MITTEL
MIT ÖFFIS ERREICHBAR	ja

Das erwartet dich ...

Diese Tour führt uns über einen alten, teilweise gepflasterten Verbindungsweg, der uns von Dorf zu Dorf führt. Der Abstieg ins Tal der Ribeira de São Jorge ist steil. Danach wandern wir jedoch entspannt unterhalb von São Jorge an der Atlantikküste entlang direkt zur Landzunge Ponta de São Jorge. Dabei bieten sich ein paar tolle Möglichkeiten, einen Badestopp einzulegen.

Start & Ziel & Anreise

Die Wanderung beginnt an der Hotelanlage Quinta do Furão. 400 Meter südlich der Hotelanlage befindet sich die Bushaltestelle der Linie 103. Vom Endpunkt der Tour führt ebenfalls die Linie 103 hierher zurück. Die Linie 103 fährt von Funchal aus via Porto da Cruz. Von Ponta Delgada erreichen wir den Ausganspunkt über die ER 101, Madeiras älteste und schönste Küstenstraße.

Tourenbeschreibung

Ender der 1990er Jahre wurde das Meer von der Landzunge Ponat de São Jorge bis zur Ponta do Clérigo als Schutzgebiet ausgewiesen. Das „Reserva Natural da Rocha do Navio" umfasst dabei eine Fläche von mehr als 1.700 ha. Dieses marine Reservat dient vornehmlich zum Schutz des Lebensraumes der Mittelmeer-Mönchsrobbe. Vom Landweg erreicht man das Schutzgebiet nur von São Jorge und der Seilbahn Télérico da Rochs do Navio bei Santana.

Am Hotel Quinta do Furão gehen wir kurz die Zufahrtsstraße zurück bis zu einer schmalen Fahrstraße. Sie verläuft oberhalb der Achada do Gramacho entlang der Steilküste und endet am Aussichtspunkt Cabeço da Vigia, wo uns ein schöner Blick über die Weinreben erwartet. Kurz davor halten wir uns links. Der alte Saumpfad, markiert mit dem Schild „São Jorge Calhau", bringt uns über zahlreiche Spitzkehren zum Bachbett hinab. Nicht nur einmal lassen wir dabei den herrlichen

Blick über die schroffe Landschaft bis zu den Häusern von São Jorge mit Kirchturm und Leuchtturm schweifen.

Die Höhenmeter überwinden wir auf angenehme Weise, denn der alte Verbindungsweg ist gut zu begehen. Am rechten Wegrand erwartet uns kurz vor der alten Steinbrücke eine moderne Badeanlage samt Bar. Anschließend überqueren wir das Bachbett der Ribeira de São Jorge und setzen unseren Weg Richtung Küste fort. An den Ruinen des ehemaligen Hafens Calhau führt ein Stichweg nach rechts durch Mauern hindurch zu einem Tor oberhalb des Meeres.

An der kurz darauffolgenden Weggabelung schlagen wir den Küstenweg zur Landspitze Ponta de São Jorge mit dem alten Bootsanleger ein. Hier begegnen uns immer wieder einheimische Angler, die in der Brandung ihr Glück versuchen. Eindrucksvoll bietet sich uns entlang des breiten Weges die raue Nordküste Madeiras dar. Ab und an von den Wellen erodiert, ist er heute nur noch einen Meter breit. Stolz trotzen riesengroße Aeonien am Fels dem unwirtlichen Klima. Knappe eineinhalb Stunden später gelangen wir an den Bootsanleger. Steinschlag- und Rutschgefahr verbieten ein Betreten, obwohl die äußerste Spitze einen wundervollen Blick auf die Nordküste von Madeira erlaubt.

Zurück an der Weggabel bei Calhau führen in die Klippen geschlagene, gepflasterte Serpentinen der Kirche entgegen. Nun machen wir die Höhenmeter wieder wett, die wir beim Abstieg von Santana verloren haben. Stufen neben dem Friedhof führen uns schließlich zur Dorfstraße von São Jorge. Dieser Abschnitt war einst die Hauptstraße, da alle Waren über die Saumpfade vom Hafen in die Orte transportiert werden mussten. Nun kann man über die Dorfstraße die Tour nach Westen verlängern. Sie führt zum Ortsteil „Farrabo“ und weiter zum Leuchtturm oder zum Aussichtspunkt „Vigia“, der tolle Blicke nach Ponta Delgada bereithält. Aber auch die Pfarrkirche ist einen Besuch wert. Sie gilt als schönstes barockes Bauwerk an der Nordküste Madeiras. Im Innern verbirgt sich ein Hochaltar mit sehr schönen Schnitzereien. Schließlich fahren wir mit dem Bus zum Ausgangspunkt zurück. Die Bushaltestelle befindet sich nahe bei der Kirche.

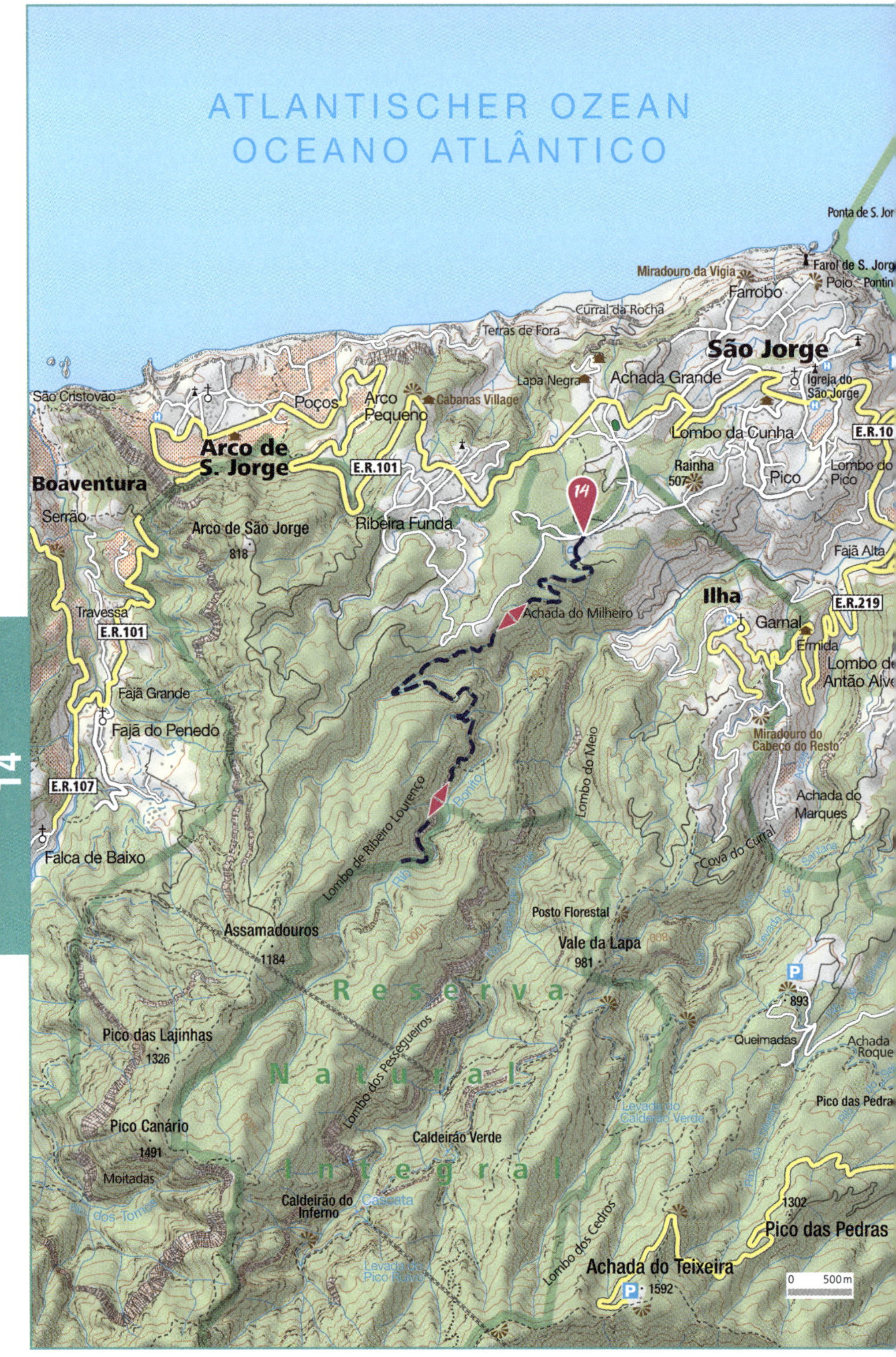

ATLANTISCHER OZEAN
OCEANO ATLÂNTICO
Ponta de S. Jor
Farol de S. Jorg
Miradouro da Vigia
Poio
Farrobo
Curral da Rocha
Terras de Fora
São Jorge
Lapa Negra
Achada Grande
Igreja do São Jorge
São Cristovão
Poços
Arco Pequeno
Cabanas Village
Lombo da Cunha
E.R.10
Arco de S. Jorge
E.R.101
Rainha
507
Pico
Lombo do Pico
Boaventura
14
Serrão
Arco de São Jorge
818
Ribeira Funda
Fajã Alta
Ilha
Achada do Milheiro
E.R.219
Travessa
E.R.101
Gamal
Ermida
Lombo de Antão Alve
Fajã Grande
Fajã do Penedo
Lombo do Meio
Miradouro do Cabeço do Resto
E.R.107
Bonito
Achada do Marques
Lombo de Ribeiro Lourenço
Cova do Curral
Falca de Baixo
Posto Florestal
Assamadouros
1184
Vale da Lapa
981
Reserva Natural Integral
893
Pico das Lajinhas
1326
Queimadas
Achada Roque
Lombo dos Pessegueiros
Pico das Pedra
Levada do Caldeirão Verde
Pico Canário
1491
Caldeirão Verde
Moitadas
Caldeirão do Inferno
Cascata
1302
Pico das Pedras
Levada do Pico Ruivo
Lombo dos Cedros
Achada do Teixeira
1592
0 500m

Levada do Rei

Zu einer paradiesischen Schlucht

DAUER	3h
LÄNGE	10,5 km
HÖHENMETER	40 hm
SCHWIERIGKEIT	MITTEL
MIT ÖFFIS ERREICHBAR	nein

Das erwartet dich ...

Wieder haben wir das Vergnügen, an einer der vielen schönen Levadas entlangzuwandern. Die Streckenwanderung führt uns eindrucksvoll in ein einsames Flusstal. Herrliche Vegetation begleitet uns dabei; im Sommer tun sich an der Wegstrecke viele Möglichkeiten zum Baden auf. Ein paar Stellen sind leicht ausgesetzt – Vorsicht hier, es kann einem leicht schwindlig werden. Ein kurzer Tunnel macht den Weg noch spannender, eine Taschenlampe ist jedoch nicht vonnöten.

Levadatour 14

Start & Ziel & Anreise

Ausgangspunkt der Wanderung ist Quebradas. Der Startpunkt ist nur mit dem Auto zu erreichen. Von Südosten gelangen wir über die VR 1 nach São Jorge und weiter nach Quebradas. Aus westlicher Richtung bringt uns die alte Küstenstraße ER 101 zum Ausgangspunkt. Parkmöglichkeiten befinden sich nahe der Wasseraufbereitungsanlage.

Tourenbeschreibung

Auf der Nordseite der Insel zeigen sich die Levadas durch dichten Waldbewuchs noch ein Stück ursprünglicher als im Süden. Steilere Hänge erschwerten das Anlegen der Terrassen und die höhere Feuchtigkeit sorgt für eine üppigere Vegetation. Die Levada do Rei oder auch „Königslevada" läuft weitgehend durch intensives Waldgebiet. Dabei leitet sie das Wasser des Ribeiro Bonito aus dem wildreichen Tal zur Küste. Märchenhaft wird der Fluss in moosbewachsene, grüne Felswände, Farnschluchten und Lorbeerwälder gekleidet. So trägt er auch den Namen „Schöner Fluss". Einige abschüssige Passagen auf dem Weg sind mit Geländern gesichert. Schwindelfrei sollte man aber dennoch sein. Selbst Rinnsale können den Weg rutschig werden lassen, wenn sie über die Steilwände auf die Levada fließen. Verlaufen werden wir uns dafür wohl eher nicht, denn der einsame Lauf des Wasserkanals führt an keinen anderen Wanderwegen vorbei.

In Quebradas starten wir zu unserer spannenden, als PR 18 gekennzeichneten Levadatour. Die Wasseraufbereitungsanlage an der Achada do Milheiro oberhalb von São Jorge ist mit der Ortschaft durch eine schmale Schotterstraße verbunden. Kurz hinter dem Parkplatz befindet sich ein Wasserreservoir; hier bringen uns ein Pfad und eine Steintreppe linker Hand zur Levada hinunter. Der Kanal führt uns taleinwärts entgegen der Fließrichtung. Ein aufgeforsteter, subtropischer Wald nimmt uns auf und umhüllt uns mit seinen Eukalyptusbäumen und dichtem Unterwuchs. Durch Lücken erhaschen wir herrliche Sicht auf das raue Tal von São Jorge und die gestufte Landschaft um Santana.

Bald darauf passieren wir einen fünf Meter langen Tunnel. Der Urwaldwuchs wird allmählich immer wilder und ursprünglicher. Die Bäume wirken wie ein grüner Tunnel, die den Felstunnel ablösen und Kanal und Weg umhüllen. Nachdem wir bereits weit ins Tal vorgedrungen sind und einige luftige Wegstellen bewältigt haben, fällt ein Wasserschleier in einem Hangeinschnitt auf die Levada herab. Der Weg ist hier hangseitig in den Fels geschlagen und mit Betonplatten abgedeckt; so kann das Wasser in den Kanal abfließen.

Im Tal des Ribeiro Bonito endet die Levada auf einer Höhe von 575 Meter. Der Fluss hat sich hier klammartig ins Vulkangestein hineingefressen. Steile, mit Moos und Farnen bewachsene Felswände erheben sich, geschliffen und geformt vom glasklaren Wasser. Noch verstärkt durch den üppigen Lorbeerwald fühlen wir uns hier wie im Urwald. Nicht ohne Grund wurde der Lorbeerwald der Insel 1999 zum UNESCO-Weltkulturerbe erklärt. Wir bekommen ein Gefühl davon, wie Madeira zur Zeit ihrer Entdeckung ausgesehen haben muss. Auch und gerade das Wasser trägt in diesem Tal ganz besonders zur Vielfalt der Tier- und Pflanzenwelt bei. Hier wird es in die Levada eingeleitet.

Der Rückweg führt uns auf dem Anfangsweg zum Ausgangspunkt Quebradas zurück. In São Jorge sollten wir unbedingt der 300 Jahre alten Wassermühle einen Besuch abstatten. Sie wurde mit dem Wasser aus der Levada do Rei gespeist und ist ein gutes Beispiel einer gut erhaltenen solchen Anlage auf Madeira. In diesen Mühlen wurden Weizen, Mais, Roggen und Hafer aus den umliegenden Feldterrassen gemahlen.

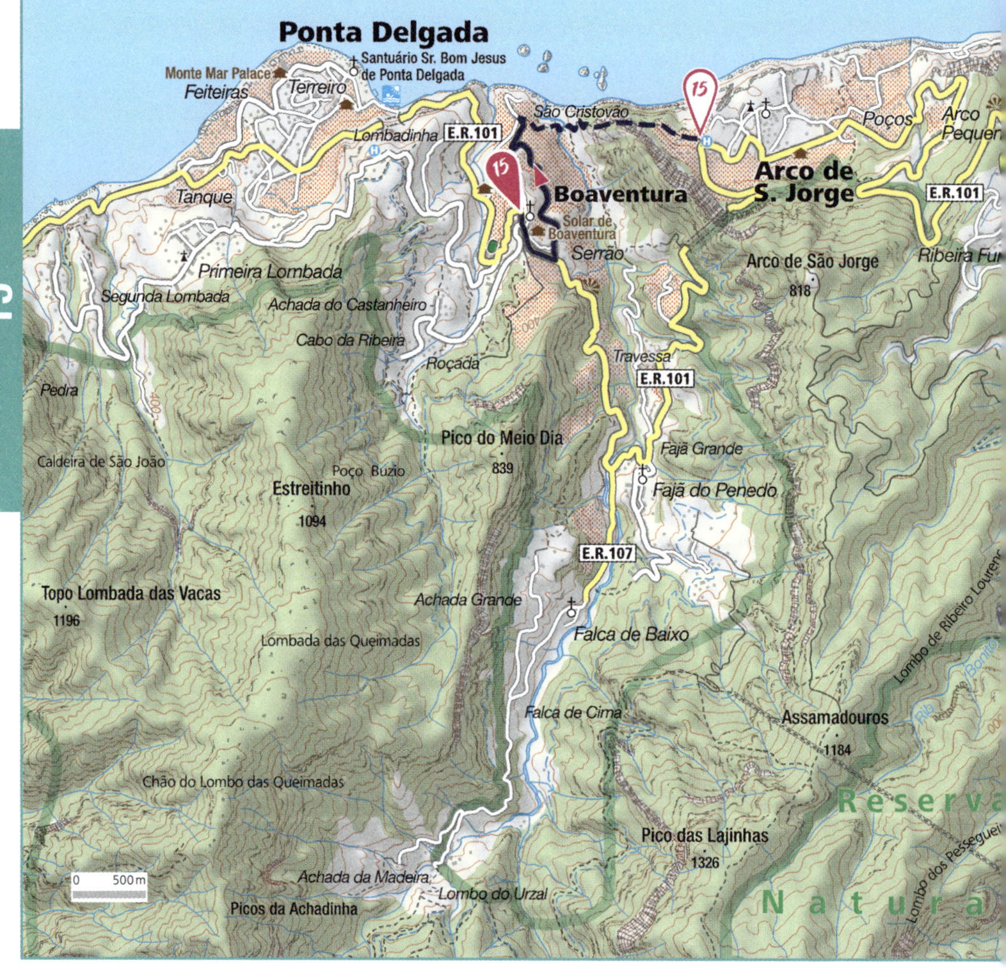
ATLANTISCHER OZEAN
OCEANO ATLÂNTICO
Ponta Delgada
Santuário Sr. Bom Jesus de Ponta Delgada
Monte Mar Palace
Feiteiras
Terreiro
Lombadinha
E.R.101
São Cristovão
15
Poços
Arco Pequen
Arco de S. Jorge
Boaventura
Solar de Boaventura
Serrão
Tanque
Primeira Lombada
Segunda Lombada
Achada do Castanheiro
Cabo da Ribeira
Roçada
Arco de São Jorge
818
Ribeira Fu
Travessa
Pedra
Pico do Meio Dia
839
Fajã Grande
Fajã do Penedo
Caldeira de São João
Poço Buzio
Estreitinho
1094
E.R.107
Topo Lombada das Vacas
1196
Achada Grande
Falca de Baixo
Lombada das Queimadas
Lombo de Ribeiro Lourenço
Falca de Cima
Assamadouros
1184
Reserva
Chão do Lombo das Queimadas
Pico das Lajinhas
1326
Lombo dos Pessegueiros
0 500 m
Achada da Madeira
Lombo do Urzal
Picos da Achadinha
Natura

Caminho da Entrosa

Unterwegs auf einem historischen Pflasterweg

DAUER	1h 30min
LÄNGE	3,5 km
HÖHENMETER	170 hm
SCHWIERIGKEIT	MITTEL
MIT ÖFFIS ERREICHBAR	ja

Das erwartet dich ...

Die kurze Wanderung führt uns entlang eines historischen, ausgebauten Saumpfades. Der Untergrund ist teilweise schottrig, daher erleichtern feste Schuhe den Wandergenuss. Der Anstieg ist mäßig und weist keine ausgesetzten Wegstellen auf, so ist die Tour auch gut für Kinder geeignet. Hoch über dem wilden Atlantik führt der Weg durch die Wand des steil abfallenden Küstenberges. Unterwegs erwarten uns eine reiche Flora und spektakuläre Ausblicke auf die wildromantische Nordküste.

Küstentour 15

Start & Ziel & Anreise

Den Ausgangsort Boaventura erreichen wir mit der Buslinie 103 von Horários. Von Rodeoste fährt der Bus der Linie 6 nach Arco de São Jorge. Die Fahrpläne sind jedoch eher ungünstig. Mit dem Auto aus westlicher Richtung kommend nehmen wir die VE4, aus östlicher Richtung erreichen wir Boaventura über die ER101. Parkmöglichkeiten befinden sich im Ort.

Tourenbeschreibung

Zahlreich sind die Wege und Klippen auf Madeira, doch ein Weg zieht ganz besonders die Aufmerksamkeit von Wander- und Naturliebhabern auf sich; auch deshalb, weil gerade alte Küstenwege nur noch selten zu finden sind. Besagter Weg verbindet als Saumpfad an der Nordküste der Insel die Ortschaften Arco de San Jorge und Boaventura. Er ist zwar nur zwei Kilometer lang, verläuft jedoch abenteuerlich zwischen den beiden Orten durch die Steilküste. Der gepflasterte und breite Weg wird von alten Steinmauern oder Eisengeländern gesäumt. In früheren Zeiten gab es noch keinerlei solcher Vorrichtungen dieser Art. Ein unüberwindbares Hindernis für manchen Wanderer, besonders dann, wenn er nicht schwindelfrei war. An manchen Stellen gewinnt der Pflanzenbewuchs die Oberhand, doch bleibt stets genug Platz, um ein uneingeschränktes Wandern zu ermöglichen.

In Boaventura beginnt unser Weg an der Kirche. Wir wenden uns südostwärts der ER 101 Richtung Santana. Nach nur wenigen Minuten halten wir uns an einer Trafostation links. Die Seitenstraße in die wir einbiegen geht nach Norden ab. Dann passieren wir das Herrenhaus „Solar de Boaventura"; es wird heute als Hotel betrieben. Die Straße führt uns 1,2 Kilometer bis zum Restaurant São Cristovão. Hier biegen wir rechts ab auf den „Camino de Calhau". Er gehört zum „Caminho de Entrosa" und bringt uns mittels einer alten Steinbrücke über den Ribeiro do Porco. Links des Weges betrachten wir die alten Ruinen, wohl noch die Überreste einer alten Textilfabrik. In solchen Fabriken wurde der rote Lehm verarbeitet, der in der Bachschlucht zu finden ist. Darüber sind sich die Geschichtsbücher jedoch nicht ganz einig; manch Einheimischer ist auch der Ansicht, es könne sich um eine Zuckermühle gehandelt haben.

So oder so, wir konzentrieren uns nun auf den Anstieg aus dem Bachgraben hinauf in Richtung Arco de San Jorge. Der wunderschöne Pfad, der teilweise in den roten Sandstein gehauen wurde, bringt uns nun als Caminho da Entrosa in etlichen kleinen Serpentinen und steilen Anstiegen den Küstenhang empor. Die Tiefblicke zum Meer lassen unseren Atem stocken, lenken und aber auch von den Strapazen des schattenlosen Aufstiegs ab. Zum Glück ist der Weg von Eisengeländern gesäumt, die keine Schwindelgefühle aufkommen lassen. An der Felsnase São Cristovão haben wir eine Höhe von gut 200 Metern erreicht. Jetzt wandern wir fast eben auf einem breiten und gepflasterten Weg auf die ER 101 zu, die am Westrand von Arco de São Jorge liegt. Wir erreichen eine Bushaltestelle, von der aus die Linien 6 und 103 abfahren. Sie bringen uns nach Boaventura zurück. Da die Wegstrecke jedoch sehr kurz war, können wir ebenso gut wieder auf derselben Route nach Boaventura zurückwandern.

Autoren Tipp

Eine Einkehr empfiehlt sich im Solar de Boaventura. Hier kann man hervorragend speisen. Die „Entrada Solar" ist eine besondere Vorspeise aus Lachs, Schwertfisch, geräuchertem Schinken, Muscheln, Eiern und Salaten. Nachmittags werden dann verschiedenste Kuchen und hausgemachtes Eis aufgetischt. In dem ehemaligen Herrenhaus ist ein kleines Museum mit alten Schaustücken aus früheren Zeiten untergebracht.

16

Falca de Baixo
Falca de Cima
Assamadouros
1184
Posto Florestal
Vale da Lapa
981
Reserva Natural Integral
Pico das Lajinhas
1326
Queimadas
Lombo dos Pessegueiros
Levada do Caldeirão Verde
Pico Canário
1491
Caldeirão Verde
Moitadas
Caldeirão do Inferno
Cascata
Lombo dos Cedros
Pico das Pe
Achada do Teixeira
1592
Urzal
Levada do Pico Ruivo
Pico Ruivo Hütte (nur zeitweise bewirtschaftet)
1800
Pico das Eirinhas
1648
1862
Levada do Pico Ruivo
Pico Ruivo de Santana
Boca das Torrinhas
1326
Pico das Torres
1847
Pico do Furão
Fajã dos Cardos
Pico do Gato
1712
Fajã da Nogueira
Pico da No
Miradouro Ninho da Manta
Chão das Fa
Pico do Arieiro
1805
Miradouro do Juncal
Colmeal
Pousada do Areeiro
Parque Natural da Madeira
Fajã Escura
Pico do Cedro
1759
Cabeço da
E.R.107
1600
Poço da Neve
Curral das Freiras
Achada
Casa do Areeiro
660
Casas Próximas
Balceiras
Achada Grande
Murteira
Straßenöffnungszeiten beachten
1414
Terra Chã
VE6
1512
Cabeço d Águas da
Capela
Fahrweg gesperrt
Seara Velha
Eira do Serrado
Eira do Serrado
1094
Chão dos Balc
1482
0 500 m
1296
Lombo Chão
Esteios
1344
Montado do Barreir

Tour 16

16 Gipfeltour

Zur Pico Ruivo-Hütte

Madeiras Zentralkette

DAUER	5h 15min
LÄNGE	12,5 km
HÖHENMETER	780 hm
SCHWIERIGKEIT	SCHWER
MIT ÖFFIS ERREICHBAR	nein

Das erwartet dich ...

Mit der Wanderung vom Pico do Arieiro zum Achada do Teixeira erwartet uns ein anspruchsvoller, alpiner Weg. Er ist zwar gut trassiert und mit Seilgeländern gesichert, doch über weite Passagen verläuft er über steile Schotterrinnen und Grate sowie in senkrechten Felswänden. Schwindelfreiheit und Trittsicherheit sollten wir hier auf jeden Fall mitbringen. Der Weg wird auch immer wieder von Felsstürzen beeinträchtigt, daher ist es ratsam, sich vor der Tour vor Ort über den aktuellen Zustand zu erkundigen.

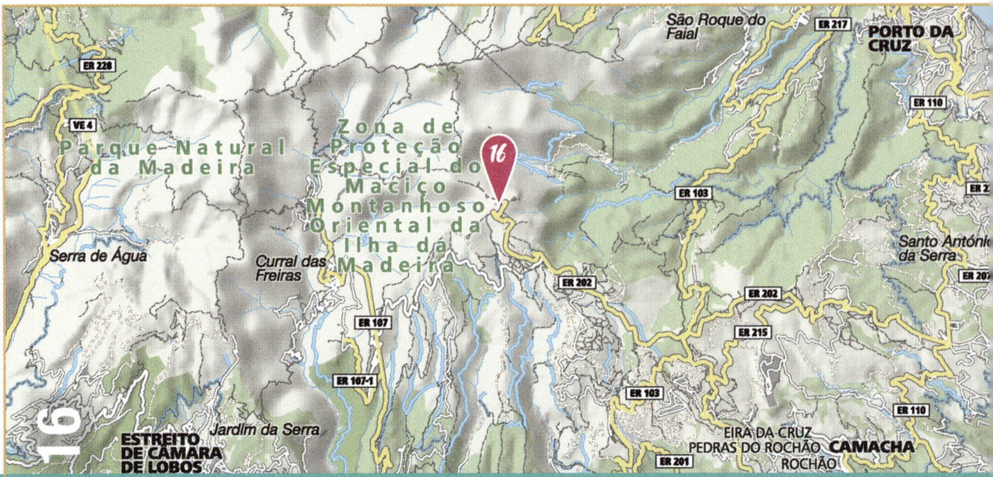

16 Gipfeltour

Start & Ziel & Anreise

Ausganspunkt ist der Pico do Arieiro. Mit dem PKW erreichen wir ihn recht einfach über die ER 202 von Funchal aus. Ein Parkplatz befindet sich am Ende der ER 202. Auch Busse von Reiseveranstaltern fahren den Pico do Arieiro an.

Tourenbeschreibung

Auf dem heutigen Weg überqueren wir die Gebirgskette vom zweithöchsten zum höchsten Gipfel Madeiras. Auf der anspruchsvollen Tour wandern wir auf einem fast durchwegs ausgesetzten Bergpfad, der vor mehreren Jahrzehnten von der Inselregierung angelegt wurde. Er durchquert die rauen Berggebiete, die andernfalls nicht zugänglich wären. Gerade zu Beginn und am Ende wurde der Weg zusätzlich mit Treppen und Pflastersteinen gesichert. Absolute Schwindelfreiheit und Trittsicherheit sind dennoch unabdingbar auf dieser Wanderung. Manchmal kann der Weg wegen Schäden durch Waldbrand, Steinschlag oder Vermurung gesperrt sein – diese Sperrhinweise sollten wir unbedingt beachten! Auch die Taschenlampe darf nicht vergessen werden, da wir unterwegs fünf Tunnelstrecken passieren. Zur Belohnung für die Strapazen dürfen wir ein unvergleichliches Bergpanorama genießen, das uns rassige Tiefblicke und überwältigende Natureindrücke gewährt.

Am Pico do Arieiro befindet sich ein modernes Besucherzentrum samt Antennenkuppel. Von hier aus führt ein gepflasterter Weg ins alpine Gelände auf einen Gratrücken. Nach einer Viertelstunde gelangen wir an die Aussichtsplattform Miradouro Ninha da Manta, das „Bussardnest". Sie ist 50 Meter von der Hauptroute entfernt und bricht mehrere Hundert Meter senkrecht ins Tal ab. Der teils ausgesetzte Grat Richtung Pico do Cidrão ist recht anspruchsvoll. Zuvor passieren wir jedoch einen zweiten Aussichtspunkt, der auch hoch über dem Tal des Ribeira da Fajã liegt. Hier kommen wir zu einer ins Vulkangestein eingemeißelten Bank. Dann leitet uns der Weg durch die senkrechte Felswand hinab zum Tunnel, der den Pico do Gato unterquert. Über eine steile Treppe erreichen wir die Weggabelung an der Einsattelung und befinden uns damit am tiefsten Punkt der Tour.

Nun teilt sich der Weg, um als Ost- oder Westroute rund um den Pico das Torres zu führen. Für den Hinweg entscheiden wir uns bei der darauffolgenden Abzweigung für die Ostroute: Sie ist kürzer und aussichtsreicher, wartet jedoch mit einem sehr steilen Anstieg durch ausgesetztes Gelände über Steintreppen und Geröll auf uns. Der Anstieg endet an einer Scharte, die wir überqueren und danch steil absteigen. In leichtem Auf und Ab bringt uns der Weg an die Einmündung der Westroute heran. Der gut trassierte Weg leitet uns durch einige schroffe Einschnitte hindurch in die Südosthänge des Pico Ruivo. Dann gehen wir über einen bequemen Pflasterweg in wenigen Serpentinen zur Pico Ruivo-Hütte hinauf. Kurz davor stößt der Aufstiegsweg von der Achada do Teixeira zu uns.

Der Rückweg verläuft über die spektakuläre Westroute: Bei der Weggabelung vor dem Pico das Torres biegen wir beim Eisentor nach rechts ab. Dann wandern wir auf einem direkt in die Felswand gehauenen Steig. Dazwischen durchqueren wir insgesamt vier Tunnels, die unter senkrechten Lavatürmen hindurchführen. Sie weisen Längen zwischen zwanzig und zweihundert Metern auf. Nachdem wir den letzten und zugleich höchsten Tunnel hinter uns gebracht haben, münden Ost- und Westroute am Sattel unterhalb des Pico do Gato wieder zusammen.

Auf der bereits bekannten Strecke geht es dann das letzte Stück zurück zum Pico do Arieiro.

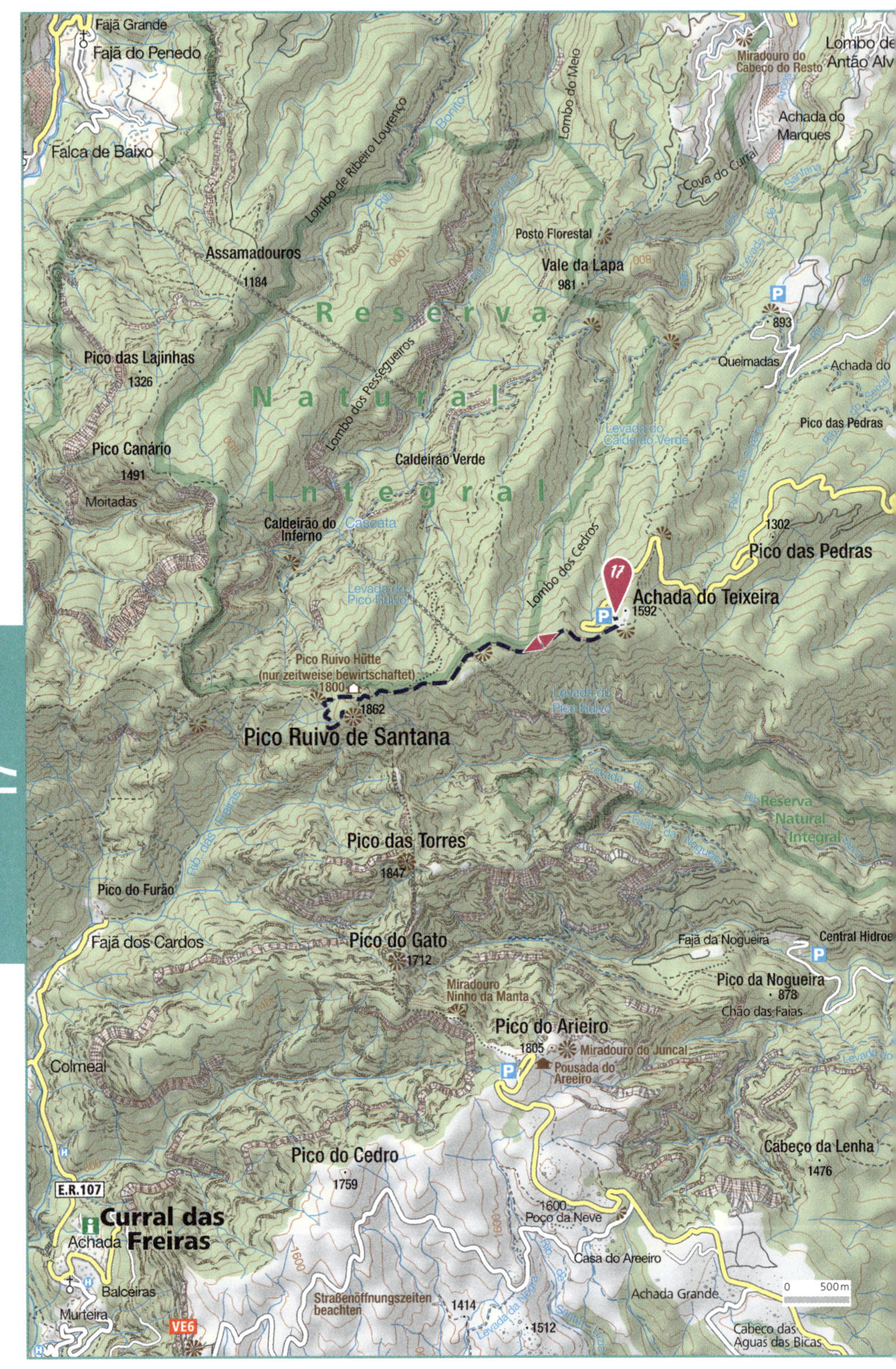
Fajã Grande
Fajã do Penedo
Falca de Baixo
Lombo de Ribeiro Lourenço
Bonito
Lombo do Meio
Miradouro do Cabeço do Resto
Lombo de Antão Alv
Achada do Marques
Cova do Curral
Assamadouros
1184
Posto Florestal
Vale da Lapa
981
893
Queimadas
Achada do
Reserva Natural Integral
Pico das Lajinhas
1326
Lombo dos Pessegueiros
Pico Canário
1491
Moitadas
Caldeirão Verde
Levada do Caldeirão Verde
Pico das Pedras
Caldeirão do Inferno
Cascata
1302
Pico das Pedras
Lombo dos Cedros
17
Achada do Teixeira
1592
Levada do Pico Ruivo
Pico Ruivo Hütte (nur zeitweise bewirtschaftet)
1800
1862
Levada do Pico Ruivo
Pico Ruivo de Santana
Reserva Natural Integral
Ribeira das Fontes
Pico das Torres
1847
Pico do Furão
Fajã dos Cardos
Pico do Gato
1712
Fajã da Nogueira
Central Hidroe
Pico da Nogueira
878
Chão das Faias
Miradouro Ninho da Manta
Pico do Arieiro
1805
Miradouro do Juncal
Pousada do Areeiro
Colmeal
Cabeço da Lenha
1476
Pico do Cedro
1759
E.R.107
Curral das Freiras
Achada
1600
Poço da Neve
Casa do Areeiro
Balceiras
Murteira
VE6
Straßenöffnungszeiten beachten
1414
1512
Levada da Negra
Achada Grande
0
500 m
Cabeço das Aguas das Bicas

17

Der Pico Ruivo

Auf den Höchsten Madeiras

DAUER	2h
LÄNGE	5,5 km
HÖHENMETER	270 hm
SCHWIERIGKEIT	LEICHT
MIT ÖFFIS ERREICHBAR	ja

Das erwartet dich ...

Die kurze Tour bringt uns in einfacher Wegführung über durchwegs gepflasterte und mit Steintreppen ausgebaute Bergwege. Es gibt keine ausgesetzten Stellen und auch die Steigungen bis zum Gipfel hinauf sind nur mäßig steil. Lediglich bei den erodierten Treppen im Gipfelbereich ist ein wenig Vorsicht geboten. Vom Gipfel genießen wir einen herrlichen Rundumblick. Entlang des Weges gibt es zwei schöne Rastplätze.

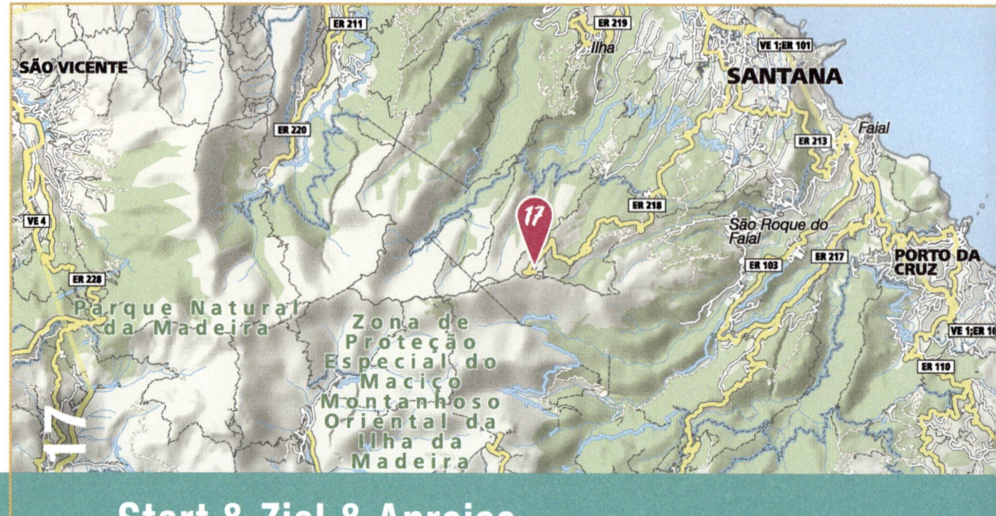

Gipfeltour 17

Start & Ziel & Anreise

Unser Ausgangspunkt ist die Achada do Teixeira am Ende der ER218, die in Santana beginnt. Öffentlich haben wir die Möglichkeit mit dem Bus 103 bis Santana zu fahren; ab hier gibt es Taxiverbindungen bis zur Achada.

Tourenbeschreibung

Im Zentrum Madeiras erhebt sich die Gebirgskette schroff und unwirtlich. Da könnte man schon annehmen, dass mit der Wanderung auf den Pico Ruivo eine schwierige Gipfeltour bevorsteht, schließlich ist er der höchste Gipfel der Insel. Beim Losgehen wird jedoch schon klar, dass diese Besteigung keine großen Hindernisse bereithalten wird: Die gesamte Wegstrecke bis zum Gipfel ist als breiter, gepflasterter Weg angelegt. Sogar die steileren Anstiege wurden mit Treppen entschärft. Einige Male wird uns die gespenstische Landschaft verwundern, deren Ursache in den schlimmen Waldbränden von 2010 zu suchen ist. Allmählich erobert sich die Vegetation jedoch ihr Territorium zurück.

Etliche Serpentinen bringen uns von Santana aus erst einmal hinauf zur Achada do Teixeira, unserem heutigen Startpunkt auf einer Seehöhe von 1.592 Metern. Somit haben wir den größten Teil des Anstieges schon bewältigt. Morgens gibt es auf dem großen Parkplatz noch genügend freie Plätze. Von hier aus folgen wir dem gelben Wegweiser auf den einzigen Weg, der hier beginnt und Richtung Pico Ruivo führt. Der gepflasterte Weg bringt uns vom Sattel aus nach Westen über einen Wiesenrücken leicht hinauf. Dann folgt er einer Serpentine. Wir gehen in mäßigem Anstieg der Trasse durch die Zentralkette der Nordhänge. Nach einer Viertelstunde stehen wir an einer steinernen Unterstellhütte samt Rastbank. Ein wenig später kommen wir auf die Südseite des Grates mit herrlichen Tiefblicken auf das zerklüftete Zentrum Madeiras. Nach einer zweiten Schutzhütte und ein paar Anstiegen, die wir mittels Steintreppen meistern, erreichen wir die Ruivo-Hütte. Die 1939 erbaute Hütte liegt im alpinen Gelände unterhalb des Gipfels.

Stolz steht das schmucke Forsthaus der Inselverwaltung auf einem Felsabsatz. Von den 1.775 Metern haben wir einen weitreichenden Blick, eine Terrasse mit Bänken und ein Brunnen laden freundlich zur Rast ein. Ab und an gibt es hier oben einen Getränkeverkauf. Der Brunnen und das WC sind öffentlich und jederzeit zugänglich. Kurz vor dem Forsthaus biegt linker Hand der Weg zum Pico Ruivo ab. Wir wenden uns jedoch nach rechts. Die Steintreppe bringt uns auf Höhe des gepflasterten Vorplatzes weiter hinauf, dem Gipfel entgegen. An einem flachen Sattel zweigt ein Pfad zum Encumeada-Pass nach rechts ab. Unbeirrt halten wir uns weiter links, bald dem steilen Schlussanstieg durch die Geröllhänge bis zum Gipfel des Pico Ruivo folgend.

Nach knapp einer Stunde Gehzeit ab dem Ausgangspunkt, erreichen wir den höchsten Punkt der Wanderung; er ist mit einer Steinsäule gekennzeichnet. Ein wenig abseits befindet sich in südlicher Richtung eine hölzerne Aussichtsplattform. Bei guter Sicht nach Osten haben wir die Möglichkeit, einen Blick auf die Felsformation Penha d'Águia, auf das Gebirge Serra das Funduras und auf die Halbinsel Ponta de S. Lourenço zu erhaschen.

Der Rückweg führt uns über den Aufstiegsweg entweder zur Ruivo-Hütte oder zum Ausgangspunkt an der Achada do Teixeira, die wir in gut 45 Minuten erreichen.

VE4
Quebradas
640
Moitada
Achada do Loural
Rosário
Achada do Til
Ribeira Grande
E.R.228
E.R.104
Cascalho
Feiteirinha
Pico das Achadas
1088
Pico da Selada
1263
Chão da Achadinha
Achada da Madeira
Picos da Achadinha
Lombo do Urzal
Levada
Urzal
Pico da Escada
1411
Reserva Natural Integral
Grande
Vale da Caldeira Funda
Lombinho Ceado do Rei
Rocha Negra
1300
Straße oft gesperrt
18
Boca da Encumeada
Pico da Cabra
1580
Pico da Encumeada
1204
Pico do Jorge
1566
Casado
1725
Boca das Torrinhas
Pico das
1648
E.R.110
Hotel Residencial Encumeada
Achada
Poço
Pico das Empenas
1407
E.R.228
Fajã das Éguas
Fajã dos Vinhaticos
VE4
Pico do Cerco
1564
0 500 m

18

18 Gipfeltour

Zum Encumeada-Pass

Die Königstour Madeiras

DAUER	5h 15min
LÄNGE	14 km
HÖHENMETER	545 hm
SCHWIERIGKEIT	MITTEL
MIT ÖFFIS ERREICHBAR	nein

Das erwartet dich ...

Die Wanderung ist lang und entlang der Zentralkette sehr anspruchsvoll. Der Aufstieg zur Pico Ruivo-Hütte und ihrem Gipfel erfolgt angenehm über gepflasterte Wege. Danach erwarten uns steinige Bergpfade und teils steile Treppen. Es gibt mehrere steile Abstiege und Gegenanstiege die Trittsicherheit, alpine Erfahrung und Schwindelfreiheit erfordern. Ein früher Aufbruch ist ratsam, da untertags rasch Nebel aufziehen kann. Ebenso stellen Wind oder gar schlechtes Wetter eine Verschärfung der Tour dar.

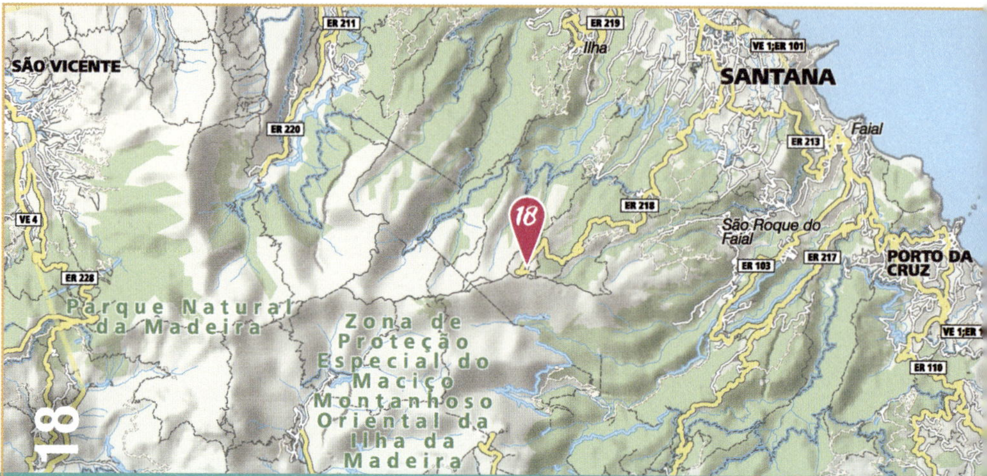

Gipfeltour 18

Start & Ziel & Anreise

Wir beginnen an der Achada do Teixeira am Ende der ER218. Am Besten nehmen wir den Bus 103 von Santana und fahren dann mit dem Taxi zur Achada do Teixeira auf. Vom Encumeada-Pass kehren wir dann mit dem Bus nach Funchal zurück. Wer mit dem Auto anreist, lässt sich idealerweise am Zielort abholen oder nimmt sich ein Taxi zurück zur Achada do Teixeira.

Tourenbeschreibung

Sie bildet eine der schönsten Wanderungen, die man auf Madeira machen kann: Die Tour entlang der Wasser- und Wetterscheide der zentralen Gebirgskette bewegt sich stets in luftigen Höhen an den Nord- und Südhängen des schroffen Zentralgebirges. Oft sind dabei die Wolken zum Greifen nahe. Passatwinde können schnell zum Wetterumschwung führen, weshalb eine alpine Ausrüstung und ausreichend Proviant und Wasser auf dieser Tour extrem wichtig sind. Sobald wir im ersten Abschnitt den Pico Ruivo hinter uns gelassen haben, erwartet uns die Einsamkeit der Bergwelt Madeiras. Immer im Auge sollten wir den möglichen, raschen Wetterwechsel, rutschige Wegverhältnisse und felsige Passagen haben, die diese Wanderung zu einem anspruchsvollen Unterfangen machen. So sollten wir uns unsere Kräfte für die 14 Kilometer lange Route gut einteilen.

Der Anstieg von der Achada do Teixeira zur Pico Ruivo-Hütte ist mit der Routenbeschreibung von Tour 17 in diesem Führer identisch. Oberhalb der Hütte teilen sich die Wege. Wir schlagen nun den rechten Weg Nr. PR 1.3 ein, der mit einem Wegweiser „Encumeada 11,1 km" gekennzeichnet ist. Gut gepflastert zieht sich der Bergpfad mit mehreren Stufen und Serpentinen hinab in die Nordwesthänge unterhalb des Pico Ruivo. Danach wandern wir auf einem Quergang mit leichtem Auf und Ab an der Südseite des Kamms entlang. Nach einer Trasse im braunen Lavagestein wechseln wir nun immer wieder zwischen Süd- und Nordseite hin und her. An der Nordseite des Pico Coehlo empfängt uns der kühle Wald. Hinter dem Pico das Erinhas halten wir uns an der Weggabelung geradeaus, etwas später beschreibt der Weg eine Linkskurve und führt dann über Steintreppen die Nordseite hinab. Über steile, teils mit Geländern gesicherte Steintreppen geht es hinab. Gut 300 Meter vor der Boca das Torrinhas können wir unsere Wasservorräte an einer kleinen Quelle auffüllen. Danach wechseln wir auf die südliche Hangseite bis zum Boca das Torrinhas.

Jetzt beginnt der Gegenanstieg in Richtung Pico do Jorge. Er führt uns über steile Treppen unterbrochen von einem längeren Quergang. Danach erreichen wir einen markanten Felsspalt, der von einer senkrechten Lavasteinplatte gebildet wird. Wir steigen durch die mit Felsbrocken durchsetzte Kluft. Der nächste Teil des Gegenanstieges bringt uns über einige Serpentinen durch den Wald. Dabei passieren wir einen in den Tufffelsen geschlagenen Hirtenstand. Weiter geht es zum luftigen Kamm hinauf bis unterhalb der weißen Felsbänder.

Nun beginnt der Abstieg. Er führt uns über Felspfade und Stein- und Lavatreppen gut 550 Höhenmeter hinunter. Die Passagen sind von Quergängen, meist auf der Südseite des Kamms, aufgelockert. Hinter einem Holzgatter umwandern wir den Pico do Encumeada an der Südseite. Eine lange Steintreppe führt uns danach zum Pico da Cabra hinab. Danach müssen wir noch weiter steile und rutschige Lavatreppen an den Nordhängen des Kamms bewältigen, bis die Passstelle und die Sendeanlage allmählich ins Blickfeld rücken.

Über einen Pflasterweg erreichen wir im letzten Abschnitt eine Weggabelung mit Hinweisschild. Hier treffen wir abwärts über eine hohlwegartige Passage knapp unterhalb des Encumeada-Passes auf die Fahrstraße ER 228. Auf ihr wandern wir die letzten Meter zur Passstelle zurück. Nach ungefähr viereinhalb Stunden Gehzeit erreichen wir schließlich das Ziel unserer landschaftlich äußerst beeindruckenden Tour. An der Passhöhe erwarten uns eine Aussichtsplattform, ein Kiosk sowie ein Restaurant an der Südseite.

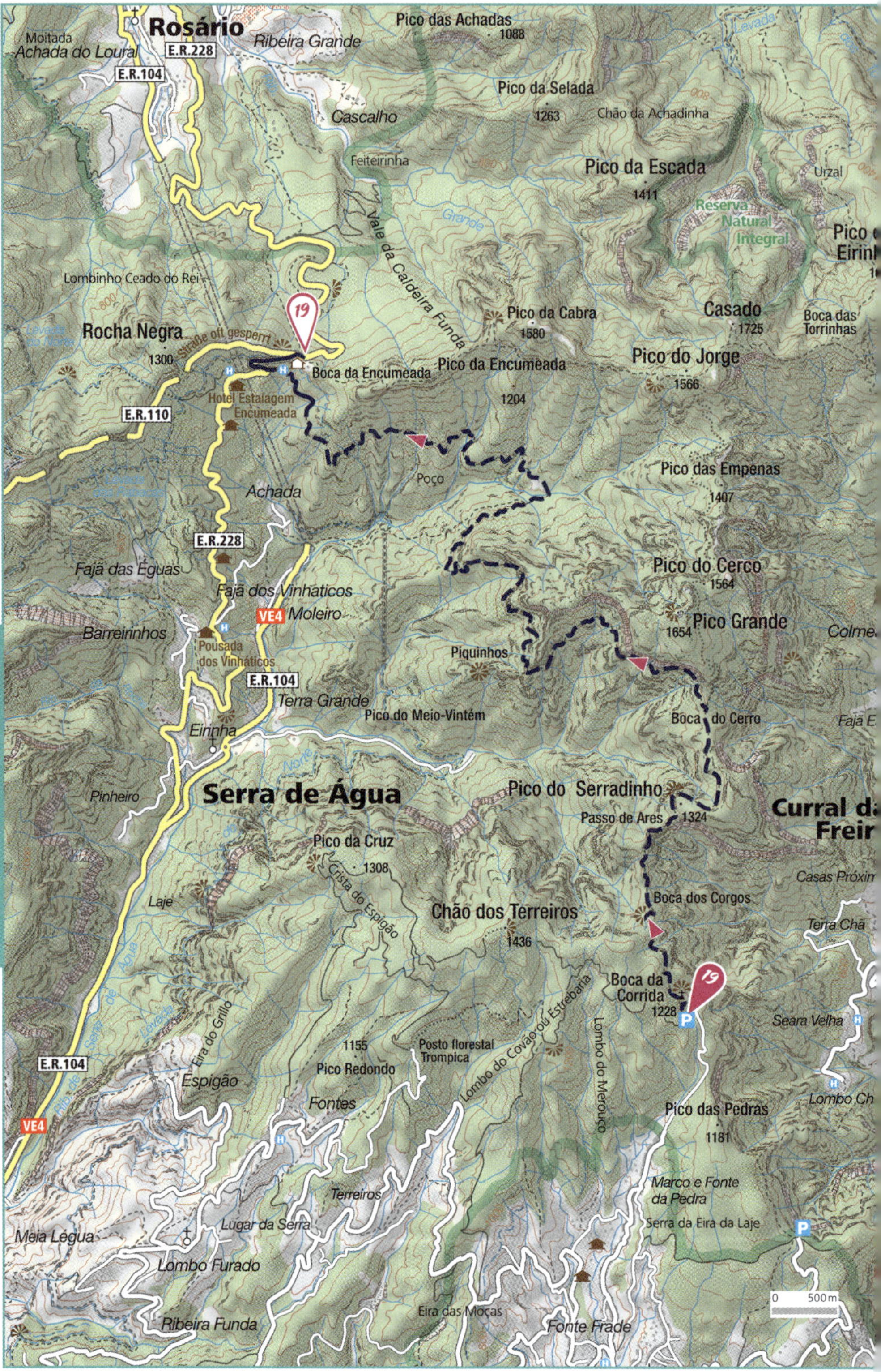

Rosário
Moitada
Achada do Loural
E.R.228
E.R.104
Ribeira Grande
Pico das Achadas
1088
Pico da Selada
1263
Chão da Achadinha
Cascalho
Feiteirinha
Pico da Escada
1411
Urzal
Reserva Natural Integral
Vale da Caldeira Funda
Grande
Lombinho Ceado do Rei
19
Rocha Negra
1300
Straße oft gesperrt
Boca da Encumeada
Pico da Encumeada
1204
Pico da Cabra
1580
Casado
1725
Boca das Torrinhas
Pico do Jorge
1566
Hotel Estalagem Encumeada
E.R.110
Poço
Achada
Pico das Empenas
1407
E.R.228
Fajã das Éguas
Fajã dos Vinháticos
Pico do Cerco
1564
VE4
Moleiro
Barreirinhos
Pousada dos Vinháticos
Piquinhos
1654
Pico Grande
E.R.104
Terra Grande
Pico do Meio-Vintém
Boca do Cerro
Eirinha
Serra de Água
Pinheiro
Pico do Serradinho
Passo de Ares
1324
Curral das Freiras
Pico da Cruz
1308
Crista do Espigão
Laje
Chão dos Terreiros
1436
Boca dos Corgos
Casas Próximas
Terra Chã
Boca da Corrida
1228
19
Seara Velha
Eira do Grilo
E.R.104
1155
Posto florestal Trompica
Lombo do Covão ou Estrebaria
Lombo do Merouço
Pico Redondo
Espigão
Fontes
VE4
Pico das Pedras
1181
Marco e Fonte da Pedra
Serra da Eira da Laje
Terreiros
Meia Légua
Lugar da Serra
Lombo Furado
Ribeira Funda
Eira das Moças
Fonte Frade
0
500 m

Vereda da Encumeada

Auf altem Pilgerweg durchs Gebirge

DAUER	4h
LÄNGE	13 km
HÖHENMETER	410 hm
SCHWIERIGKEIT	MITTEL
MIT ÖFFIS ERREICHBAR	nein

Das erwartet dich ...

Die lange Wanderung bringt uns meist über gepflasterte und gut befestigte Saumpfade, auf denen wir bequem dahinwandern können. Es gibt keine ausgesetzten Wegstellen. Lediglich in den 2010 zerstörten Abschnitten kommen abgerutschte und schmale Wegpassagen vor, die ein wenig Trittsicherheit abverlangen. Die Waldbrände von 2016 sind dafür verantwortlich, dass noch immer Teile der Wanderung gesperrt sind.

Alpintour 19

Start & Ziel & Anreise

Der Startpunkt dieser Streckenwanderung ist am Sattel der Boca da Corrida, oberhalb des Forsthauses Estreito de Câmara de Lobos. Wir erreichen den Ausgangspunkt mit dem Taxi oder Mietauto von Jardim da Serra aus über die steile und kurvenreiche Estrada da Corrida.

Tourenbeschreibung

Ein kunstvoll angelegter Saumpfad verläuft von der Boca da Corrida quer durch die wilden Bergpassagen Madeiras bis zum Encumeada-Sattel. Der auch als Caminho Real PR 12 bekannte Weg wurde teilweise vom großen Feuer von 2010 beschädigt und musste gesperrt werden. Größtenteils wieder saniert gibt es doch noch einige schmale, abgerutschte Passagen im Bereich des Pico Grande. Vom Sattel Boca da Corrida folgen wir zunächst einem gut ausgebauten Saumpfad; er wurde früher von Wallfahrern, Händlern und Bauern benützt. So wurde der Weg damals gepflastert und mit Stufen versehen, um die Strapazen der Höhenunterschiede abzumildern. Sogar ein Geschäft soll es entlang der Route gegeben haben, die uns direkt auf den Sattel Boca dos Corgos zusteuern lässt.

Am Aussichtspunkt Pico do Serradinho lassen wir den Blick nach Serra de Água schweifen, wo wir die mächtigen Wasserleitungen erkennen können, die von Reservoirs zum Wasserkraftwerk führen. Eine Stunde später erreichen wir die Boca do Cerro. Hier zweigt rechter Hand der Weg zum Pico Grande ab. Wir wandern weiter auf dem alten Handelsweg und umgehen den Gipfel. Das Gebiet ist hier extrem Steinschlag gefährdet. Auch Hangrutschungen sind auf Grund der Steilheit des Geländes keine Seltenheit. Auch die verheerenden Unwetter von 2010 haben dem Gebiet zugesetzt. Trotz umfassender Restaurierungsarbeiten blieben einige Schlüsselstellen, die es hier zu überwinden gibt. Während der Regenzeit wird immer wieder Material herabgeschwemmt, das den Zustand des Weges wieder verschlimmert. Nach einiger Zeit erreichen wir wieder einen gepflasterten Abschnitt; der starke Bewuchs durch Brombeersträucher verleiht dem Gelände hier wieder mehr Stabilität.

Nach zwei Stunden umgehen wir eine nach Süden gerichtete, deutlich erkennbare Kuppe. Vom dort befindlichen Aussichtspunkt erblicken wir zum ersten Mal das Ziel unserer Wanderung: den Encumeada-Pass. Zunächst steigen wir wieder 200 Höhenmeter ab, da der Weg in das Tal Curral Jangão hineinzieht. Parallel zum Caminho begleitet uns eine Trockensteinmauer, die die Trasse sichert. Wir gehen durch dicht bewachsenes Gelände, bis wir nach einer Rechtskurve an einen kleinen Lorbeerwald kommen. Lorbeer gehört zu den ursprünglichsten Baumarten auf Madeira. Leider konnte er nur an wenigen Orten auf der Insel erhalten werden. Nutzpflanzen wie Kiefern und Edelkastanien ersetzten die schönen Bäume, um als Nahrungsgrundlage zu dienen.

Bevor wir den Talboden erreichen müssen wir nochmals rutschige und erdige Abschnitte bewältigen, teils über felsiges Terrain. Im Talboden passieren wir den Ribeira do Poço über eine alte Natursteinbrücke. Im letzten Abschnitt dieser Tour steigen wir mit einem Gegenanstieg zum Encumeada-Pass hinauf. Der Weg führt uns durch dichten Eukalyptuswald und über zwei Bachläufe. Danach geht bei einem auffälligen Eukalyptusbaum ein Pfad Richtung Serra de Água ab. Bald unterqueren wir eine Rohrleitung. Der Anstieg liegt nun hinter uns und der Sattel ist zum Greifen nahe. An einem Wendeplatz endet der Pfad. Auf der Schotterstraße wandern wir nun bis zur ER 105. An der Asphaltstraße biegen wir rechts ein und folgen ihr gut 400 Meter bis zum Encumeada-Pass mit einer Snackbar und einer Bushaltestelle. Linker Hand geht es hinab zum Hotel Estalagem Encumeada, bei dem sich eine weitere Bushaltestelle befindet.

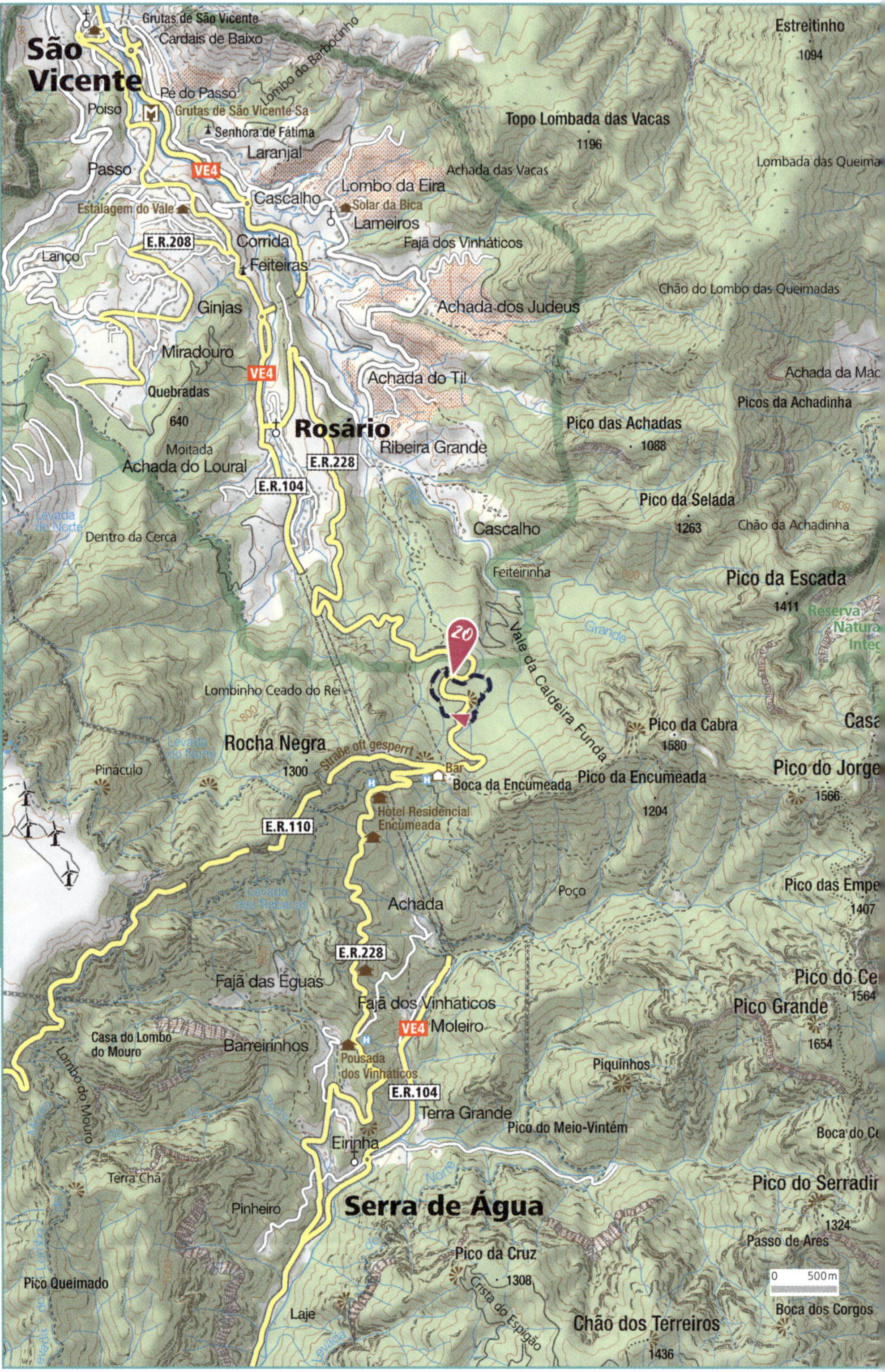

São Vicente
Grutas de São Vicente
Cardais de Baixo
Lombo do Barbusano
Pé do Passo
Poiso
Grutas de São Vicente-Sa
Senhora de Fátima
Laranjal
Passo
VE4
Cascalho
Estalagem do Vale
Lombo da Eira
Solar da Bica
Lameiros
E.R.208
Corrida
Fajã dos Vinháticos
Lanço
Feiteiras
Ginjas
Achada dos Judeus
Miradouro
VE4
Quebradas
640
Achada do Til
Rosário
Moitada
Ribeira Grande
Achada do Loural
E.R.228
E.R.104
Levada do Norte
Dentro da Cerca
Cascalho
Feiteirinha
Estreitinho
1094
Topo Lombada das Vacas
1196
Achada das Vacas
Lombada das Queima
Chão do Lombo das Queimadas
Achada da Mac
Picos da Achadinha
Pico das Achadas
1088
Pico da Selada
1263
Chão da Achadinha
Pico da Escada
1411
Reserva Natura Integ
Grande
20
Vale da Caldeira Funda
Lombinho Ceado do Rei
Pico da Cabra
1580
Casa
Levada do Norte
Rocha Negra
Straße oft gesperrt
Pináculo
1300
Bar
Boca da Encumeada
Pico da Encumeada
1204
Pico do Jorge
1566
Hotel Residencial Encumeada
E.R.110
Levada das Rabaças
Achada
Poço
Pico das Empe
1407
E.R.228
Fajã das Éguas
Fajã dos Vinháticos
Pico do Ce
1564
Pico Grande
1654
Casa do Lombo do Mouro
Barreirinhos
VE4
Moleiro
Lombo do Mouro
Pousada dos Vinháticos
E.R.104
Piquinhos
Terra Grande
Pico do Meio-Vintém
Boca do Ce
Eirinha
Terra Chã
Pico do Serradir
Pinheiro
Serra de Água
1324
Passo de Ares
Pico da Cruz
1308
Crista do Espigão
Pico Queimado
0 500 m
Laje
Boca dos Corgos
Chão dos Terreiros
1436
20

20

Waldtour

Vereda do Chão dos Louros

Am Fuße des Encumeada-Passes

DAUER	45min
LÄNGE	2,3 km
HÖHENMETER	30 hm
SCHWIERIGKEIT	LEICHT
MIT ÖFFIS ERREICHBAR	nein

Das erwartet dich ...

Ein recht einfacher und sehr kurzer Rundweg bringt uns auf schattigen Waldwegen durch den Naturpark zu Füßen des Encumeada-Passes. Überwältigend ist dabei der üppig bewachsene Lorbeerwald, der unter der Ägide der UNESCO im Dezember 1999 als Weltnaturerbe deklariert wurde. Unsere kreisrunde Route ist mit Wegweisern und gelb-roten Markierunspflöcken gekennzeichnet und führt uns durch eine verwunschene und zauberhafte Landschaft.

Start & Ziel & Anreise

Los geht's in Chão dos Louros, vom Parkplatz an der Straße. Wir finden ihn nach einer Links- und zwei darauffolgenden Rechtskurven am südlichen Straßenrand der ER 228. Von São Vicente erreichen wir den Ausgangspunkt über die VE 4, bei Rosario weiter über die ER 228 immer Richtung Süden.

Tourenbeschreibung

Der PR 22 ist ein knapp 2 Kilometer langer Rundweg, der die vielfältige und seltene Vegetation des Gebietes unterhalb des Encumeada-Passes erschließt. Er gewährt uns Besuchern eine wahre, botanische Genusstour. Die Inselregierung hat den Weg nur eineinhalb Kilometer unterhalb des Passes angelegt. Er befindet sich im Bereich der ER 228 Richtung Rosário und São Vicente und schließt den dort bereits bestehenden Picknickplatz Chão dos Louros mit ein. Das Areal ist zudem Teil des Projektes Natura 2000, einem europäischen Netz wichtiger gemeinschaftlicher Schutzgebiete.

Um den ursprünglichen Bewuchs und die seltene Pflanzenwelt der Insel zu erkunden, ist man hier genau an der richtigen Stelle. Die Gegend rund um den Pass zählt für solche Entdeckungstouren zu den besten Madeiras. Gerade hier hat sich der Lorbeerwald aufgrund der hohen Feuchtigkeit und der Topografie besonders gut entwickelt. Hier finden wir auch den endemischen Prächtigen Natternkopf (Echium nervosum), der nur am Madeira-Archipel vorkommt. Doch auch Wolfsmilcharten, Madeira-Lorbeer, Wachsmyrte und Stechpalme bleiben dem aufmerksamen Wanderer nicht verborgen.

Hinter unserem Ausgangspunkt am Parkplatz an der ER 228 versteckt sich die Freizeit- und Picknickanlage Chão dos Louros, ein viel und gern besuchter Ort im Sommer, sowohl von Einheimischen wie auch Touristen. Der Name leitet sich von den vielen Lorbeerbäumen ab, die hier einen subtropischen Bergwald aus immergrünen Bäumen wie dem Kanarischen Lorbeer, dem Stinklorbeer und der von den Azoren stammenden Indischen Persea bilden. Unser Rundweg mit der Nummer PR 22 ist gut ausgeschildert. Wir durchstreifen während der Wanderung das als Parque Florestal do Chão dos Louros ausgeschilderte Schutzgebiet. Es gehört zu den Natura 2000-Schutzgebieten und weist auf die wichtige Funktion dieses Areals für den Artenschutz hin und auf die Zugehörigkeit zum europäischen Netzwerk gemeinschaftlicher Schutzgebiete.

Wir wenden uns nach rechts und gehen im Uhrzeigersinn bald nach dem Picknickplatz in ein kleines Bachtal. Es geht über einen Bachlauf auf einem Holzsteg. Am anderen Ufer bringt uns ein Pfad Richtung Norden. Wir passieren einen Stolleneingang und erreichen bald die erste Querung der ER 228. Nach nur 200 Metern zweigt der PR 21 nach links ab; er führt zum Encumeada-Pass hinauf und ist bei Anreise mit dem Bus eine alternative Anmarschroute. Wir halten uns rechts und durchstreifen den satt grünen Lorbeerwald. Über ein paar Serpentinen kurz hinauf queren wir ein zweites Mal die ER 228. Dann erreichen wir auf der gegenüberliegenden Seite wieder den Picknickplatz Chão dos Louros.

Autoren Tipp

In der Gemeinde von Ponta Delgada in São Vicente wird am ersten Sonntag im September das Volksfest „Arraial do Bom Jesus", auch bekannt unter dem Namen „Santíssimo Sacramento", gefeiert. Dabei ist es Tradition in Chão dos Louros sich dort zu treffen und Unterhaltungs- und Freizeitaktivitäten durchzuführen, die genau auf diesen besonderen Ort abgestimmt sind. Es ist eines der größten Volksfeste der Insel Madeira.

ATLANTISCHER OZEAN

OCEANO ATLÂNTICO

Straße gesperrt
VE2
Fajã de Areia
E.R.101
Terceira
Lombad
Estalagem do Mar
VE2
Rocha das Lapas
Beira das Lapas
Terra Chã
São Vicente
Grutas de São Vicente
Cardais de Baixo
21
Lombo do Barbocinho
Pé do Passo
Poiso
Grutas de São Vicente-Sa
Senhora de Fátima
Topo Lom das
Espigão
964
Laranjal
Passo
VE4
Achada das Vacas
Lombo da Eira
Cascalho
Solar da Bica
Estalagem do Vale
Lameiros
E.R.208
Corrida
Fajã dos Vinháticos
Lanço
Feiteiras
Espigão
Ginjas
Achada dos Judeu
Miradouro
VE4
Furna da Areia
Achada do Til
Quebradas
640
Rosário
Moitada
Ribeira Grande
Achada do Loural
E.R.228
E.R.104
Casa do Caramujo
Levada do Norte
Cascalho
E.R.208
Posto Florestal Estanquinhos
Dentro da Cerca
Feiteirinha
Paredão
Vale da Caldeir
E.R.110
Lombinho Ceado do Rei
Bica da Cana
1620
Casa do Abrigo
Levada do Norte
Rocha Negra
1300
0 500 m
Straße oft gesperrt
Pináculo
Bar
Boca da Encumeac

Die Höhlen von São Vicente

Eine erdgeschichtliche Zeitreise

DAUER	45min
LÄNGE	2 km
HÖHENMETER	70 hm
SCHWIERIGKEIT	LEICHT
MIT ÖFFIS ERREICHBAR	nein

Das erwartet dich ...

Keine wirkliche Wanderung, doch eine spannende Reise erwartet uns diesmal mit einer Besichtigung der Höhlen von São Vicente. Ein Besuch ist nur im Rahmen von Führungen möglich. In den Höhlen brauchen wir unbedingt festes Schuhwerk und warme Kleidung; teilweise müssen wir enge Vulkangänge durchqueren, Platzangst sollten wir hier keine haben. Besondere Kleidung ist nicht notwendig, sie wird bei einem Besuch auch nicht schmutzig werden.

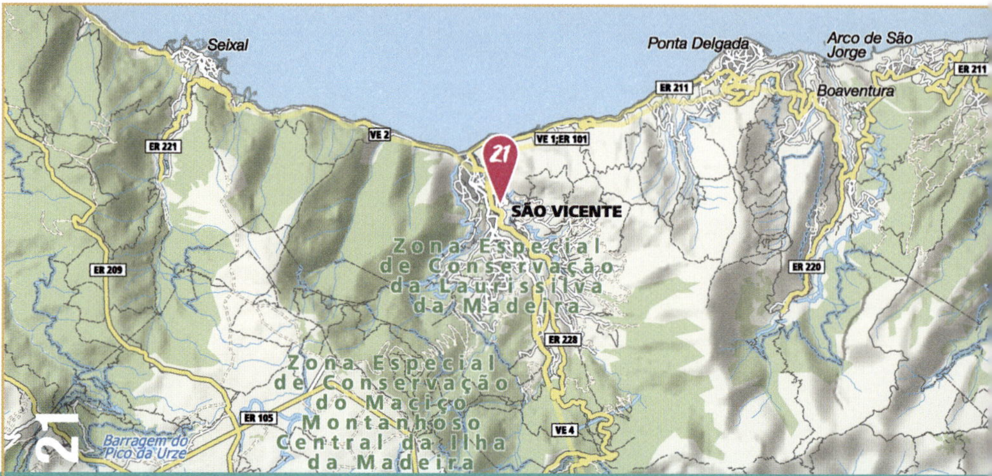

Start & Ziel & Anreise

Wir erreichen das Zentrum unmittelbar über die von der Insel durchquerende Hauptstraße VE2/VE4. Unterhalb der Anlage befinden sich am linken Flussufer bei „Pé do Passo" große Parkplätze für Busse und private PKW.

Tourenbeschreibung

Das kleine, charmante Dorf São Vicente auf der Nordseite der Insel hält eine große Überraschung bereit: Hier befindet sich das sehenswerte Vulkanologie-Zentrum, das von Wissenschaftlern als einzigartiges Phänomen bezeichnet wird. Einheimische entdeckten 1855 die Höhlen. Im Jahr 1885 erforschte der Brite James Johnson sie dann erstmals. Seit 1996 sind die Grotten für die Öffentlichkeit zugänglich. Um die Höhen herum wurde ein Park errichtet, der auch ein modernes Besucherzentrum beherbergt als Folge des mittlerweile starken Zustroms. Da die Höhlen einen sehr hohen, wissenschaftlichen Wert besitzen, hat man sie um ein Vulkanologie-Zentrum erweitert. Somit soll eine tiefgreifende Forschung sichergestellt werden.

Die Höhlen von São Vicente locken jährlich eine große Menge Touristen an. Die Führung durch das etwa 700 Meter lange Höhlensystem hinterlässt bleibende

Eindrücke über die Launen von Mutter Natur. Madeira entstammt vulkanischen Ursprungs; die Entstehung der Insel im Atlantik begann vor mehr als 24 Mio. Jahren und endete erst vor circa 90.000 Jahren. Die Reihe aus Lavatunneln ist ein besonderes, geologisches Phänomen. Sie sind mit mehr oder weniger breiten Querschnitten wie eine Perlenkette aneinandergereiht. Die Kavernen (Grutas) stammen aus einer Eruption vor mehr als 890.000 Jahren. Sie besitzen eine Gesamtlänge von mehr als 1.000 Metern.

Vom großen Parkplatz ist es nicht weit zum Besucherzentrum hinauf. Die Besichtigungstour schlängelt sich zunächst aufwärts durch Stalaktiten aus Vulkanstein, Lavaanhäufungen, die man auch „Lavakuchen" nennt und eigenartigen Wanderfelsen. Solche Wanderfelsen sind geologische Phänomene: Steine, die vom Lavastrom so lange mitgerissen worden sind, bis sie wegen ihres Umfangs in einem der Lavatunnel stecken geblieben sind. Die bizarren Formationen werden kunstvoll beleuchtet und lassen regelrecht den Eindruck von einer Wanderung im Erdinneren aufkommen.

Wir wandern ungefähr eine halbe Stunde bis zur höchsten Kaverne gut 50 Meter hinauf. Dabei fühlen wir uns wie auf einer Zeitreise in die Vergangenheit unserer Erde, die Millionen von Jahren zurückliegt. Die Wege wurden in Gängen angelegt. Sie waren einst Rinnen, in denen die Lava von der Hochebene Paúl da Serra zur Küste abgeflossen ist. Ohne Beleuchtung würde man sich hier in absoluter Dunkelheit bewegen. Dennoch haben sich in Tausenden von Jahren Tiere angesiedelt und neue Arten entwickelt, die für das Verständnis der menschlichen Evolution von fundamentaler Bedeutung sind.

Unser Spaziergang unterhalb der Erdoberfläche endet im Centro do Vulcanismo. Hier erweitern wir den Besuch der Grotten mit thematischen Attraktionen und einer ausgestalteten Naturschau, die das Vulkanologie-Zentrum anbietet. In einer Multivisionsschau wird die Entstehung und Entwicklung Madeiras bis heute simuliert. Das beginnt mit dem elementaren Vulkanausbruch, der als „Urknall Madeiras" bezeichnet wird. Im Anschluss an die Besichtigung kehren wir zum Auto zurück.

Doch São Vicente hat noch mehr zu bieten. In der Kirche können wir Deckengemälde des hl. Vinzenz bestaunen. Er ist Schutzpatron der Portugiesen und der Winzer. Der gemütliche Ort lädt zum Bummeln und Verweilen ein. Nicht zu vergessen ist der ansässige Wein! Ein kleiner Spaziergang am schwarzen Vulkanstrand rundet den Tag ab.

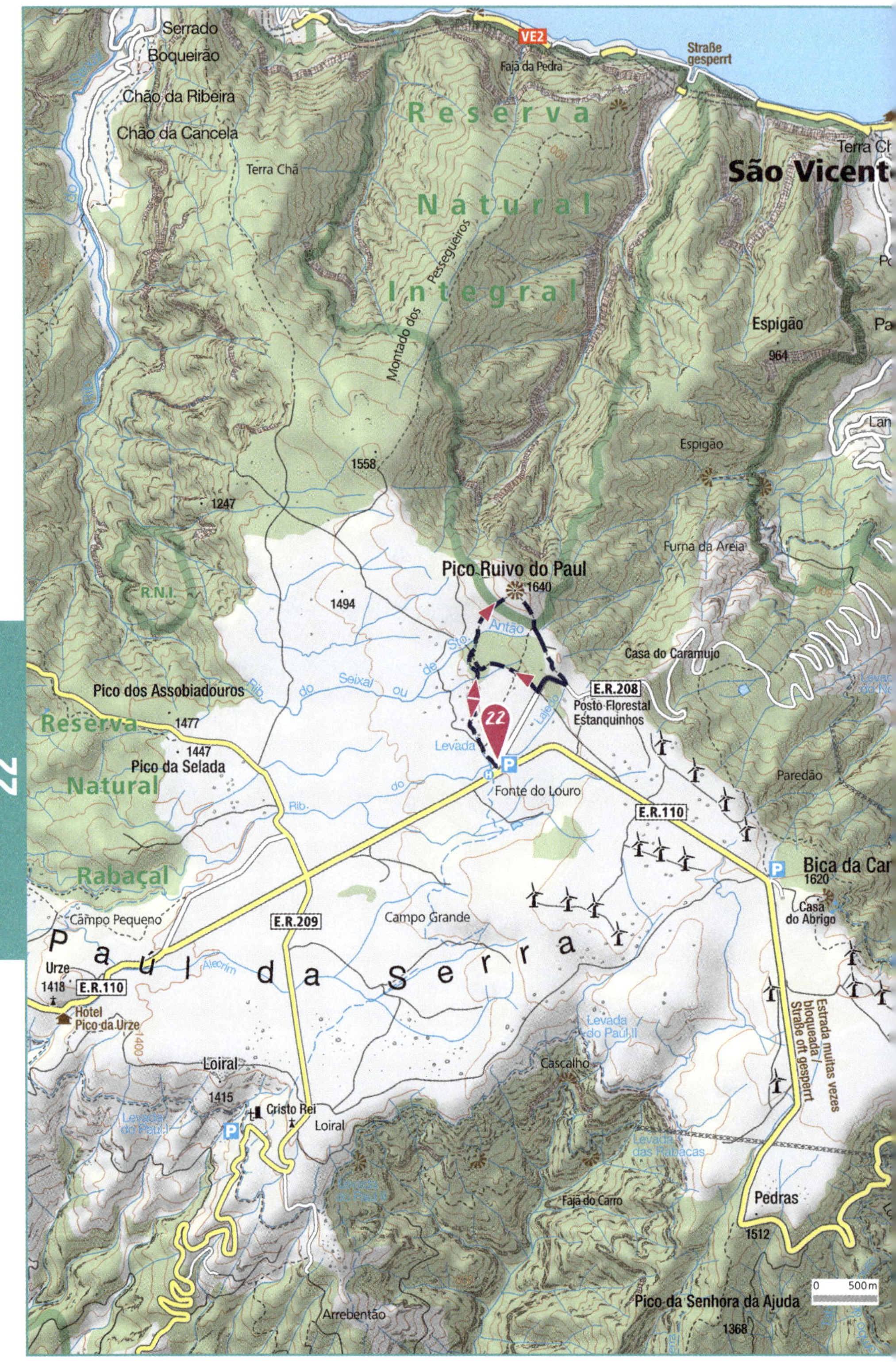

Serrado
Boqueirão
Chão da Ribeira
Chão da Cancela
Terra Chã
VE2
Fajã da Pedra
Straße gesperrt
Reserva
Natural
Integral
Montado dos Pessegueiros
São Vicente
Espigão
964
Espigão
1558
1247
R.N.I.
Furna da Areia
Pico Ruivo do Paul
1640
1494
Antão
Sto.
de
Seixal
ou
do
Rib.
Casa do Caramujo
E.R.208
Posto Florestal
Estanquinhos
Pico dos Assobiadouros
1477
1447
Reserva
Pico da Selada
Natural
Rabaçal
22
Levada
Fonte do Louro
E.R.110
Paredão
Bica da Car
1620
Casa do Abrigo
Campo Pequeno
E.R.209
Campo Grande
Paúl da Serra
Alecrim
Urze
1418
E.R.110
Hotel Pico da Urze
Levada do Paul II
Estrada muitas vezes bloqueada / Straße oft gesperrt
Loiral
1415
Cristo Rei
Loiral
Cascalho
Levada do Paul I
Levada das Rabaças
Fajã do Carro
Pedras
1512
Arrebentão
Pico da Senhora da Ajuda
1368
0
500 m

Pico Ruivo do Paúl

Über die Hochebene Paúl da Serra

DAUER	2h
LÄNGE	5,5 km
HÖHENMETER	240 hm
SCHWIERIGKEIT	LEICHT
MIT ÖFFIS ERREICHBAR	nein

Das erwartet dich ...

Die recht kurze Wanderung bewegt sich überwiegend auf Heide- und Erdpfaden. Auch Forststraßen sind dabei, was die Runde – auch aufgrund der geringen Höhenmeter – recht einfach macht. Bei Nebel ist die Orientierung recht schwierig, dann sollte man die Tour lieber auf einen anderen Tag verschieben, da dann auch am Ziel die Aussicht fehlt. Unterwegs gibt es ein paar schöne Picknickplätze. Am zunächst unscheinbar wirkenden Gipfel erwartet uns eine famose Aussicht auf die Nordwestküste.

Start & Ziel & Anreise

Ausgangspukt bildet die Abzweigung der Zufahrt zum Forsthaus Posto Florestal Estanquinhos. Wir erreichen das Forsthaus über die ER 110. Parkmöglichkeiten gibt es am Straßenrand. Der Ausganspunkt ist nicht mit öffentlichen Verkehrsmitteln zu erreichen.

Tourenbeschreibung

Landschaftlich ist die Hochebene Paúl da Serra ein wahrer Genuss und sehr kontrastreich zum Rest der Insel. Moorflächen wechseln sich mit Heidegebüsch ab, manchmal erblicken wir ein Windkraftrad. Früher wuchsen hier Zedern- und Wacholderwälder, wie sie noch rund um die Forststation Estanquinhos erhalten geblieben sind. Heute ist die Ebene mit Gras sowie Adlerfarnfluren bedeckt und das Land wird als Weidefläche genutzt. So gehören auch frei laufende Kühe zum charakteristischen Bild von Paúl de Serra. Auf dieser Wanderung bietet sich eine gute Möglichkeit, die Landschaft mit ihren Besonderheiten zu erleben. „Gebirgssumpf" – das bedeutet der Name der Hochebene. Im Winter sammelt sich oft das Wasser in den Senken und bildet kleine Seen. Jenes Wasser speist dann die Wasserfälle und auch einige Levadas. Sogar ein Flughafen war hier oben im Gespräch. Wind und Nebel verwarfen die Pläne jedoch. So wird die Hochfläche heute als Windkraftwerk und Kuhweide genutzt.

Häufig einfallender Passatnebel können schnell die Sicht trüben und die Orientierung erschweren, daher sollten wir diese Tour nur bei optimalen Bedingungen unternehmen.

So starten wir also an einem sonnigen Tag unmittelbar an der Abzweigung einer Nebenstraße, die zum Forsthaus Estanquinhos führt. Versteckt zwischen Adlerfarn befindet sich links der Abzweigung eine kleine, 15 Zentimeter schmale Levada, die Wasser in ein Steinbecken transportiert. Dahinter steht eine markante, alleinstehende Birke. Neben dem Rinnsal verläuft ein Erdpfad, der sich als unser Wanderweg herausstellt. Wir folgen ihm nach Norden in die Hochebene. Sein Verlauf zeichnet sich innerhalb der Farnfluren ab, im Hintergrund sehen wir den Pico Ruivo do Paul. Wir wandern auf ein Zedernwäldchen zu, abgehende Seitenpfade lassen wir unbeachtet.

Gut zwanzig Minuten später gelangen wir an den Rastplatz Fontes Ruívas. Ein schattiger Hain aus Zedern, Buchen und Eichen lässt uns ein wenig verweilen. Dann passieren wir eine Forststraße und folgen der Levada bis zu einem umzäunten Wasserbecken. Hier entspringt der kleine Quell der Levada. Steil leitet uns der Pfad nun in die Adlerfarnbüsche hinein und zieht sich an der Südseite des Ruivo zum Gipfel hinauf.

Nach weiteren zwanzig Minuten empfängt uns die flache Gipfelkuppe des Pico Ruivo do Paul mit der weißen Betonsäule. Von hier oben genießen wir einen traumhaften Ausblick auf die Hochebene und das Zentralgebirge. Südlich befindet sich eine Aussichtskanzel mit freiem Blick auf das Tal von São Vicente. Ein Wegweiser zeigt uns den Weg für den Abstieg an. Er verläuft Richtung Forsthaus Estanquinhos. Ein ausgetretener Pfad bringt uns durch Farnfluren hindurch. Nach wenigen Hundert Metern gelangen wir an eine T-Kreuzung, die wir beim Abstieg im Blickfeld haben. Geradewegs wandern wir gut 500 Meter zum Forsthaus hinüber. Dort empfängt uns der Wald und ein kleiner Picknickplatz.

Dann geht es rechts auf der asphaltierten Zufahrtsstraße gut 300 Meter hinab. An einem Parkplatz folgen wir dann dem Wegweiser nach rechts. Ein gemütlicher Wiesen- und Waldweg bringt uns nach 600 Metern wieder zum Picknickplatz Fontes Ruívas. Hier wenden wir uns zusammen mit der kleinen Levada nach links und gehen zurück zum Ausgangspunkt an der Straßenkreuzung.

Unser Highlight

Parque Natural da Madeira

Lombo Magro
Casa do Guarda Florestal
1241
Pedreira
Fanal
1236
Chão da Ribeira
Chão da Cancela
Terra Chã
Vão do Fanal
Lombo do Cedro
Lombo de S. Pedro
Fajã dos Remos
E.R.209
Pico Queimado
1341
1247
R.N.I.
Pico da Lamoirinha
1247
Pico da Fajã da Lenha
1375
Pico dos Assobiadouros
1477
1447
Pico da Selada
E.R.110
UNESCO-Patrimônio natural (Weltnaturerbe)
Reserva Natural
25 Fontes (25 Quellen)
Märchenwald
Pico Gordo
1264
Posto Florestal Rabaçal
Rabaçal
Lombo do Risco
Água do Vimeiros
Levada do Risco
Cascata do Risco
Rabaçal
23
Levada do Paul
Paúl da Serra
Campo Pequeno
N. Sr. de Fátima
Lombo Grande
Lombo do Salão
E.R.211
Lombo da Atouguia
Urze
1418
E.R.110
Hotel Pico da Urze
Achadinha
Levada do Paul I
Loiral
1415
Cristo
Lombo dos Faias
Chã da Quebrada
Achadinha
Lombo do Doutor
Lombo do Brasil
Cova do Birão
Faias
E.R.222
Florenças
Arco da Calheta
Amoreiras
E.R.209
Lombo da Atouguia
846
Achada da Silva
Lombada do Loreto
Cales e Chada
Cova do Arco
Arco da Calheta
Paredes
Maçapez
0 500 m

23

25 Quellen

Zum romantischen Kessel der 25 Quellen

DAUER	4h 15min
LÄNGE	12,3 km
HÖHENMETER	350 hm
SCHWIERIGKEIT	MITTEL
MIT ÖFFIS ERREICHBAR	nein

Das erwartet dich ...

Mit der Tour zu den 25 Quellen erwartet uns eine landschaftlich äußerst reizvolle Wanderung und sie gehört zu den schönsten Wanderzielen Madeiras. Sie führt über gehtechnisch einfache Levadawege – eben, teils aber sehr schmal. Die Wege sind gut beschildert. Der Abstieg erfolgt über einen Waldpfad, der nach Regen rutschig werden kann. Die luftigen Passagen sind ausreichend mit Geländern und Seilen gesichert. Ohne Shuttlebus-Unterstützung beläuft sich der gesamte An- und Abstieg auf 320 Höhenmeter.

Unser Highlight

Wasserfalltour 23

Start & Ziel & Anreise

Der eigentliche Ausgangspunkt liegt bei der Forststation von Rabaçal. Wir können unser Auto am Parkplatz oberhalb der „Posto Florestal Rabaçal" unmittelbar an der ER 110 abstellen. Von hier aus fährt der gebührenpflichtige Shuttlebus, mit dem wir die Wanderung einfach um 2,3 Kilometer verkürzen können.

Tourenbeschreibung

Der Ausgangspunkt dieser schönen Tour befindet sich an der Forststation von Rabaçal. Dafür müssen wir vom Parkplatz an der ER 110 der Asphaltstraße gut 2,3 Kilometer abwärts folgen. Einer der vielen Wegweiser zeigt uns die Richtung zu den 25 Quellen (Fontes). Zuerst machen wir uns zum Risco-Wasserfall auf. Der breite, ebene Waldweg verläuft durch einen Lorbeerwald und entlang der Levada do Risco, die wir kurz nach dem Forsthaus erreichen. Circa 600 Meter später zweigt die Levada das 25 Fontes an einem Wegweiser nach links ab. Teils steile Serpentinen bringen uns durch den Wald hinab. Etwa 100 Höhenmeter tiefer trifft der Pfad auf den breiten Weg, der von der Levada das 25 Fontes begleitet wird. Wir folgen ihm und dem Wasserlauf nach rechts.

Wir wandern fast eben auf einem breiten Weg in den Talschluss der Ribeira Grande hinein. Hier wird das Gelände bald rauer; Steintreppen bringen uns ins bizarre Flusstal hinab. Auf einer breiten Steinbrücke überqueren wir den Bachlauf. Über ein paar Stufen beginnt der steile Gegenanstieg zurück auf die ursprüngliche Höhe der Levada, die den Kessel mit einer Tunnelstrecke in den steilen Felswänden durchquert. An einem Wasserhaus werden die Rinnsale und Seitenlevadas aufgenommen und in den Hauptkanal eingeleitet. Wir richten uns nun nach einem aus dem Boden ragenden Wasserkanal, während sich die Ribeira Grande unter uns immer tiefer ins Tal einschneidet. Im Gegensatz zum Beginn der Tour kommt uns das Wasser nun in einem halbmeterhohen Trog entgegen, der als breite Mauer die bergseitige Begrenzung des Pfades bildet.

Bedingt durch den schmalen Weg müssen wir entgegenkommenden Wanderern immer wieder auf Erdwegen unterhalb der Levadatrasse ausweichen. Mit Fortdauer der Strecke erhalten wir immer atemberaubendere Blicke auf die herrliche Inselnatur. An den schmalen Wegbändern zwischen Levada und Abgrund sind Seile zur Sicherung angebracht. Die Wanderroute folgt dem Verlauf des Hangrückens, der den nordwestlichen Hang des Tales bildet. Etwas später gelangen wir an die äußerste Spitze des Rückens. Nun verlassen wir das von der Ribeira Grande durchflossene Tal und folgen dem Pfad nach links zur Levada da Rocha Vermelha. Ihr schöner Verlauf schlängelt sich am Hang entlang, bis er schließlich in ein kleines Seitental abbiegt. Das kleine Tal endet schließlich am Eingang in den Kessel der 25 Quellen.

Die Levada überquert hier über ein Seitenaquädukt den Abfluss der Quellbäche. Wir biegen am Wegweiser nach rechts ab und wandern in den Talschluss hinein. An seinem Grund hat sich ein kleiner See aus den Wasserfällen gebildet. 25 Kaskaden sollen es sein, die dem Ort seinen Namen gegeben haben. Ihre zarten Schleier fallen über 100 Meter in die Tiefe der kreisförmigen Schlucht. Aufgrund der hohen Luftfeuchtigkeit gedeihen die Farne und Moose prächtig. Der Lorbeerwald verstärkt das subtropische Flair. Ein Teil des Wassers speist die Levada über eine Wassertreppe unmittelbar neben dem Weg.

Unser Rückweg führt uns über die gleiche Route. Dabei müssen wir dem Ende zu einen Anstieg von circa 100 Höhenmeter überwinden. Alternativ können wir bei der Weggabelung ungefähr 900 Meter vor Rabaçal am unteren Levadaweg bleiben. Diesem folgen wir dann bis zum Levadatunnel. Er bringt uns auf 1,2 Kilometer unter dem Hauptkamm hindurch auf die Südseite; Taschenlampe für seine Durchquerung nicht vergessen! 200 Meter vor dem Tunnel geht nach links ein Pfad zum Forsthaus von Rabaçal hinauf. Der Shuttlebus oder ein 45-minütiger Fußmarsch bringen uns zurück zum Parkplatz an der ER 110.

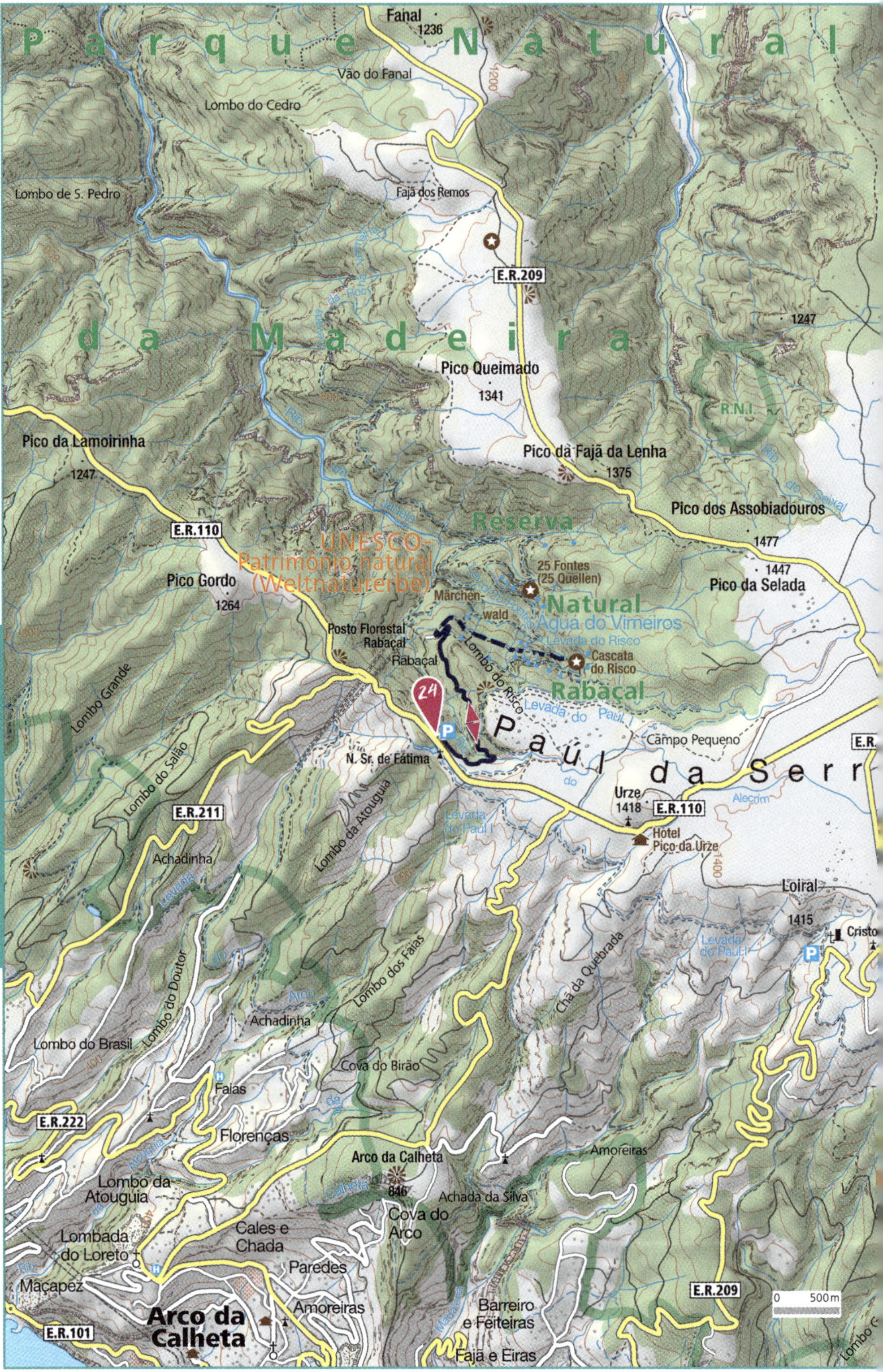

Parque Natural da Madeira

Fanal
1236
Vão do Fanal
Lombo do Cedro
Lombo de S. Pedro
Fajã dos Remos
E.R.209
1247
Pico Queimado
1341
R.N.I.
Pico da Lamoirinha
1247
Pico da Fajã da Lenha
1375
Pico dos Assobiadouros
1477
E.R.110
Reserva Natural
UNESCO-
Patrimônio natural
(Weltnaturerbe)
25 Fontes
(25 Quellen)
1447
Pico da Selada
Pico Gordo
1264
Märchen-
wald
Água do Vimeiros
Levada do Risco
Posto Florestal
Rabaçal
Rabaçal
Lombo do Risco
Cascata
do Risco
Rabaçal
24
Levada do Paúl
Paúl da Serr
Campo Pequeno
E.R.
Lombo Grande
N. Sr. de Fátima
Lombo do Salão
E.R.211
Lombo da Atouguia
Levada do Paúl I
Urze
1418
E.R.110
Alecrim
Hotel
Pico da Urze
1400
Achadinha
Loiral
1415
Cristo
Levada do Paúl I
Lombo dos Faias
Chã da Quebrada
Lombo do Doutor
Achadinha
Lombo do Brasil
Cova do Birão
Faias
E.R.222
Florenças
Amoreiras
Arco da Calheta
846
Lombo da Atouguia
Achada da Silva
Cova do Arco
Cales e Chada
Lombada do Loreto
Paredes
Maçapez
Arco da Calheta
Amoreiras
Barreiro e Feiteiras
E.R.209
0 500 m
E.R.101
Fajã e Eiras
Lombo C

Wasserfalltour 24

Risco-Wasserfall

Zu einem der größten Wasserfälle der Insel

DAUER	2h 15min
LÄNGE	7,5 km
HÖHENMETER	240 hm
SCHWIERIGKEIT	LEICHT
MIT ÖFFIS ERREICHBAR	nein

Das erwartet dich ...

Die gemütliche Wanderung führt uns einfach über einen bequemen, breiten Levadaweg. Dabei spazieren wir vornehmlich durch schattigen Lorbeerwald. Der Risco-Wasserfall ist einer der größten Wasserfälle Madeiras. Vom Lagoa do Vento stürzt aus 100 Meter Höhe das Wasser eine glatte Wand hinunter und kommt erst weitere 100 Meter unterhalb des Weges wieder zur Ruhe.

Wasserfalltour 24

Start & Ziel & Anreise

Unser Ausganspunkt befindet sich am Parkplatz oberhalb der „Posto Florestal Rabaçal", unmittelbar an der ER 110, die über die Hochebene Paúl da Serra verläuft. Von hier aus fährt der gebührenpflichtige Shuttlebus, mit dem wir die Wanderung einfach um 2,3 Kilometer verkürzen können.

Tourenbeschreibung

Die Forststation von Rabaçal dient als Schnittpunkt vieler klassischer Wanderrouten. Sie liegt 2,3 Kilometer von der Hauptstraße entfernt. Die Wege von hier bedienen dabei nicht nur die touristischen Magnete wie die 25 Quellen, sondern auch bescheidenere Ziele wie solche zum Risco-Wasserfall. Die heutige Wanderung zählt aufgrund der kurzen Gehstrecke und der gut ausgebauten Wegführung zur am meisten begangenen Route der Insel. Landschaftliche und naturkundliche Reize bieten sich uns dabei im Überfluss.

Schleierartig breitet sich die Wasserkaskade über dem paradiesisch anmutenden Felsenkessel aus. Das ist nur eines der vielen, unerwartet reizvollen Bilder, die lediglich durch den Andrang an Wanderern gestört werden können. Die Route selbst folgt breiten Waldwegen und einer gut gesicherten Levadastrecke. Noch abwechslungsreicher und kurzweiliger wird die Wanderung durch den Lorbeer-

und Baumerikawald, den wir dabei durchqueren. Alle abschüssigen Passagen sind mit Geländern versichert. Das macht die Wanderung besonders familienfreundlich.

Vom Ausgangspunkt, dem Parkplatz an der ER 110, dauert die Tour nur maximal eineinviertel Stunden ohne Shuttlebus-Benutzung. Dafür bringt sie uns der Vegetation der Insel noch näher und gibt Einblicke in die Flora und Fauna, wie sie sich früher über das gesamte Eiland erstreckte. Der Weg vom Forsthaus ist flach und eben. Er kann also auch problemlos mit einem geländegängigen Kinderwagen unternommen werden. Für Radfahrer ist der Weg jedoch tabu. Zu viele Wanderer tummeln sich hier.

Unmittelbar beim Forsthaus Rabaçal beginnt unser Weg; der Wegweiser PR 6.1 schickt uns beim kleinen Parkplatz nach rechts. Der Wegweiser „Risco-Wasserfall" leitet uns dann abwärts. Kurz darauf gesellt sich die Levada do Risco zu uns. Wir folgen ihr entgegen der Fließrichtung. Auf stets schattigen Wegen folgen wir den Schwingungen der dicht mit Lorbeerwald bewachsenen Hänge.

Nach 600 Metern halten wir uns an der Weggabelung geradeaus; links zweigt der Steig zu den 25 Quellen ab. Hier haben wir bereits die Hälfte des Weges absolviert. Nach 20 Minuten erreichen wir einige Meter vor Ende des Weges eine Steinmauer. Linker Hand zieht eine Erdrampe zu einem Levadastollen hinab. Unser Weg führt uns jedoch auf der mit einem Geländer gesicherten Steinmauer zur Aussichtsplattform vor dem Risco-Wasserfall.

Wir haben das Ende des offiziellen Weges erreicht. Er setzte sich in früheren Zeiten zu einer Tunnelpassage fort, die hinter dem Wasserfall zu einem Aussichtsbalkon in der Steilwand führte. Er lag auf der gegenüberliegenden Seite hoch über der Schlucht. Der Abschnitt wurde jedoch aus Sicherheitsgründen gesperrt. Von jeder Seite rieselt und tropft es herab – in Kaskaden oder kleineren Rinnsalen. Wer ein wenig näher zum Wasserfall gehen möchte sollte sich auf ein feuchtes Vergnügen gefasst machen. Aus diesem Wasser entsteht der rauschende Wildbach; er hat sich bereits tief in die Felsen eingeschnitten und ein schluchtartiges Tal hinterlassen. Unser Weg zurück zum Forsthaus Rabaçal und weiter zum Parkplatz an der ER 110 verläuft über die gleiche Route wie der Hinweg.

Vão do Fanal
Lombo do Cedro
Parque Natural da Madeira
Fajã dos Remos
E.R.209
1558
1247
Pico Queimado
1341
R.N.I.
1494
Pico da Lamoirinha
1247
Pico da Fajã da Lenha
1375
Pico dos Assobiadouros
Rib. do Seixal
E.R.110
Reserva
UNESCO-
Patrimônio natural
(Weltnaturerbe)
1477
1447
Pico Gordo
1264
25 Fontes
(25 Quellen)
Pico da Selada
Märchen-
wald
Natural
Agua do Vimeiros
Levada do Risco
Posto Florestal
Rabaçal
Rabaçal
Cascata
do Risco
Rabaçal
Lombo do Risco
Lombo Grande
25
Levada do Paul
Paúl da Serra
Campo Pequeno
E.R.209
N. Sr. de Fátima
Lombo do Salão
Urze
1418
E.R.110
Alecrim
E.R.211
Lombo da Atouguia
Levada do Paul I
Hotel
Pico da Urze
Achadinha
1400
Loiral
1415
Cristo Rei
Loiral
Levada do Paul I
Chã da Quebrada
Lombo dos Faias
Lombo do Brasil
Lombo do Doutor
Achadinha
Cova do Birão
Faias
Florenças
Arrebentã
Amoreiras
Arco da Calheta
846
Lombo da Atouguia
Achada da Silva
Cova do Arco
Cales e Chada
Paredes
E.R.209
Amoreiras
Arco da Calheta
Barreiro e Feiteiras
Lombo Grande
0 500 m
Ladeira e Lamaceiros
Fajã e Eiras
E.R.222

Levadatour 25

Levada do Alecrim

Am Rande der Paúl da Serra

DAUER	2h
LÄNGE	7 km
HÖHENMETER	30 hm
SCHWIERIGKEIT	LEICHT
MIT ÖFFIS ERREICHBAR	nein

Das erwartet dich ...

Mit der Tour zum Ursprung der Levada do Alecrim machen wir uns heute zu einer einfachen Levadawanderung auf. Abgesehen von einer kurzen, leicht ausgesetzten Stelle weist die Tour gehtechnisch keine größeren Schwierigkeiten auf. Der Weg ist unmarkiert, doch können wir uns sehr leicht am Verlauf der Levada orientieren. Dem Ende hin müssen wir über ein paar Meter Bachkiesel und Grobblock wandern.

Levadatour 25

Start & Ziel & Anreise

Unser Ausganspunkt befindet sich am Parkplatz oberhalb der „Posto Florestal Rabaçal", unmittelbar an der ER 110, die über die Hochebene Paúl da Serra verläuft. Sie ist nur mit dem Auto über die ER 110 erreichbar, es gibt keine öffentliche Verkehrsanbindung.

Tourenbeschreibung

Wie schon ein paar andere Wanderungen in diesem Führer beginnt auch diese am Parkplatz von Rabaçal an der ER 110. Sie ist jedoch weit weniger bekannt und somit auch weniger begangen. Dennoch erwartet uns ein paradiesisches Ziel: Ein Felstrichter wie bei der Tour zu den 25 Quellen, jedoch ohne hektisches, touristisches Treiben und somit weitaus ruhiger. Dieses Mal steigen wir nicht zum Forsthaus hinab, sondern folgen der Levada, die von rechts fast in gleicher Höhe an den Parkplatz heranzieht. Die Strecke verläuft dabei oberhalb der Route zu den 25 Quellen. Sie führt uns eben und ohne größere, schwierige Stellen in gut einer Stunde zum Ursprung der „Rosmarin"-Levada.

Der Kanal, dem wir heute folgen, transportiert Wasser aus dem Tal der Ribeira Grande in das große Becken, das sich gegenüber dem Parkplatz an der Westseite der ER 110 befindet. Zunächst folgen wir der Straße nach Rabaçal für 100 Meter.

Ein Erdpfad lässt uns nach rechts abbiegen. Er verläuft erst parallel zur ER 110 und bringt uns zum Levadaeinstieg hinauf. Dann wandern wir durch das Bachtal im Oberlauf des Ribeiro do Alecrim. Hier befindet sich eine Levadaanlage zum Einleiten des Bachwassers. Hoch gewachsene Baumerikabüsche begleiten uns auf diesem Abschnitt. Wir umrunden einen Hangrücken. Hier fehlt auf einige Meter das Buschwerk und ermöglicht uns so einen etwas luftigeren Tiefblick auf das Tal der Ribeira da Janela. Die Levada schlängelt sich durch die Felsen und strebt dann gleich wieder in den dichten Bewuchs hinein, der sich wie ein Laubengang über dem Kanal schließt. Nach gut der Hälfte der Strecke gelangen wir an eine Levadatreppe: Hier wird das Wasser über eine Steilstufe im Gelände über einige Höhenmeter geleitet. Wir spazieren an der Treppe entlang, wobei wir immer wieder in den Genuss des Wassers kommen.

Dann haben wir die Talhänge des Ribeira Grande erreicht. Der Fluss selbst nimmt am Westrand der Hochebene Paúl da Serra seinen Ausgang. Wir queren einige Male die betonierten Seitenrinnen und Levadazuläufe, bevor wir am Bachbett der Ribeira Grande stehen. Es ist mit einer betonierten Mauer versperrt, um das Wasser zur Levada zu leiten. Wenige Meter oberhalb rauscht leise der Wasserfall herab. Weglos überwinden wir nun Bachsteine und Seitengerinne und laufen dabei auf den türkisgrünen See zu. Hier hat die Rosmarin-Levada ihren Ursprung. Er wird auf Madeira mit „madre" bezeichnet. Wenn wir aufmerksam hinsehen, können wir sogar die schnellen Forellen entdecken, die sich in der Levada wie auch im Becken an ihrem Ursprung tummeln. Unser Rückweg zum Parkplatz an der ER 110 oberhalb von Rabaçal erfolgt auf dem Anstiegsweg.

Autoren Tipp

Die Wanderung ist zwar kurz, doch eignet sie sich vor allem in der heißen Saison für einen Tagesausflug: Der romantische Platz lädt zum Rasten und Ruhen ein – ja sogar einen ganzen Tag könnte man hier verweilen. Mit ein wenig Proviant und einer guten Lektüre kann man hier einen schönen Entspannungstag verbringen. Breite Felsgumpen erwarten uns unterhalb der Wasserfassung für ein erfrischendes Bad.

Lamaceiras
Junqueira
Alagoa
613
Ribeira da Janela
Janela
Casais de Baixo
E.R.101-7
Straße gesperrt
Eira da Achada
Levada da Janela
Casais de Cima
Fajã das Contreiras
José Lopes
Cedros
E.R.209
VE2
Straße gesperrt
Gamelas
Ribeira Funda
E.R.101
Fajã da Parreira
Laje
Serradinho
Farrobo
Ribeira da Laje
Curral Falso
Castanheiro
Cova
Seixal
Terras do Andrade
Cabeço da Esmoutada
1047
Lombo Alto
E.R.221
Cubo do Moinho
Serrado
Cabeços
843
Kratersee
Boqueirão
Lombo Gordo
Casa do Guarda Florestal
1241
Pedreira
1164
Chão da Ribeira
Lombo Magro
Chão da Cancela
Fanal
1236
Chão dos Castanheiros
Parque Natural
Vão do Fanal
1200
Lombo do Cedro
Fajã dos Remos
Lombo de S. Pedro
Cova do Negro
E.R.209
da Madeira
Pico Queimado
1341
R.N.I.
Pico da Lamoirinha
1247
Pico da Fajã da Lenha
1375
Pico dos Assobiadouro
0 500 m
1477
E.R.110
UNESCO-
Património natural
(Weltnaturerbe)
Pico Gordo
1264
25 Fontes
(25 Quellen)
1447
Pico da Selada

Panoramatour 26

Fanal

Im Bannkreis uralter Lorbeerbäume

DAUER	2h
LÄNGE	6,5 km
HÖHENMETER	200 hm
SCHWIERIGKEIT	MITTEL
MIT ÖFFIS ERREICHBAR	nein

Das erwartet dich ...

Die kurze und einfache Wanderung bringt uns über Wiesenpfade, auf Treppenwege und über Erdpisten. Der südliche Abschnitt ist gut beschildert, im nördlichen Teil dagegen wandern wir ohne Markierungen. So ist ein wenig Aufmerksamkeit und Orientierungsvermögen von Vorteil. Unterwegs begegnet uns eine mystische und sanfte Landschaft mit altehrwürdigen Lorbeerbäumen.

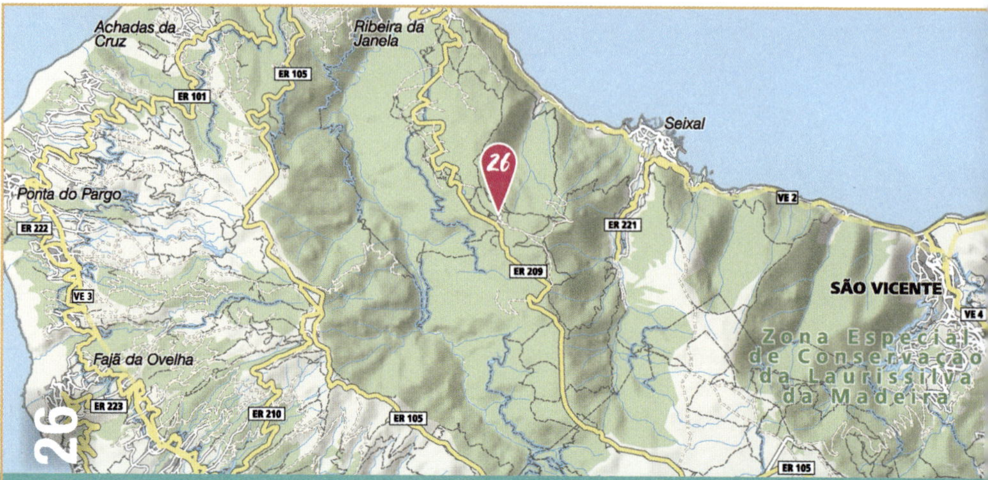

Start & Ziel & Anreise

Ausgangspunkt ist das Forsthaus Fanal. Es liegt direkt an der ER 209, über die wir es sowohl aus nördlicher wie auch aus südlicher Richtung erreichen. Es gibt keine öffentlichen Verkehrsmittel zum Ausgangspunkt. Busse fahren nur bis Ribeira da Janela.

Tourenbeschreibung

Ziel unserer heutigen Wanderung ist die wunderschöne Landschaft von Fanal, am nördlichen Rand der Hochebene von Paúl da Serra. Über die breite Straße von Ribeira da Janela erreichen wir relativ einfach das Forsthaus von Fanal. Rundherum erstreckt sich ein Weidegebiet, das von riesengroßen, sehr alten Lorbeerbäumen durchsetzt ist. Die alten Riesen sind mit Flechten und Farnen bewachsen, und hell und saftig strahlt das Grün der üppigen Wiesen – Zeichen dafür, dass hier öfters der Passatnebel Feuchtigkeit mit sich bringt. An schönen Tagen können wir bei klarer Sicht die Blicke über die Landschaft schweifen lassen. Dann lädt die eigenwillige Hochebene zu einer gemütlichen, fast lyrischen Rundwanderung ein, die im Nordteil über unmarkierte Wiesenpfade und auf dem Weg nach Paúl da Serra über die markiert Route PR 13 verläuft.

Von den Parkplätzen vom Forsthaus Fanal, gut 400 Meter östlich der ER209, geht's am Grillplatz vorbei nach Nordwesten über die Wiesen. Ein deutlich sichtbarer Wiesenpfad führt uns über das sanfte Weidegelände. In der nordwestlichen Ecke stoßen wir auf einen Kratersee. Links am See vorbei erreichen wir eine Fahrstraße. Wir folgen ihr ein paar Meter, dann nehmen wir den Schotterweg nach rechts. Er bringt uns am Waldrand entlang und an einem kleinen See vorbei zum Kammrücken; hier zweigt der Pfad zum Cubo do Moinho ab zurück Richtung Forsthaus.

Ein wenig oberhalb empfängt uns der Wanderweg PR 13, der uns an einem Wegweiser vorbei und über Holzbohlentreppen an einen offenen Wiesenrücken samt Aussichtspunkt bringt. Ein Schwenk nach rechts lässt uns an Ginster und Adlerfarn vorbei auf den Gipfel des Pedreira zulaufen. Über einen schmalen Pfad gehen wir seitlich am Gipfel vorbei und steigen durch Gebüsch und Adlerfarnfluren und einem Lorbeerwäldchen bis zum Wegweiser an der Schotterstraße. Wir wenden uns nach rechts und wandern bald auf einer Erdpiste über einen Sattel. Danach begleitet uns ein alter, grasbewachsener Fahrweg bis an eine Weggabelung: Ein schöner Wanderpfad führt nach links Richtung Hochebene Paúl da Serra.

Je nach Lust und Laune ist ein Abstecher über eine gut markierte Route zu einem Ausgangspunkt oder in den schönen Lorbeerwald möglich. Der Pfad wird begleitet von einem hohen Saum aus Baumerika; er bringt uns über Erdtreppen und auch geschotterte Abschnitte mitten durch einen der schönsten und ursprünglichsten Waldteile der Insel. Schließlich steigt er über Steintreppen zur ER 209 hinauf und überquert sie. Hier zweigt rechter Hand ein Pfad ab. Er bringt uns zur Aussichtskanzel, von der aus wir über das Tal von São Vicente blicken können. Auf der anderen Seite der Straße steigen wir über viele Holzbohlentreppen in ein sanftes Tal hinab. Wir wandern noch einige Minuten ins Tal bis zu einem herrlich im Lorbeerwald gelegenen Picknickplatz, .

Falls wir uns nicht für diesen etwas eineinhalbstündigen Abstecher entscheiden, wandern wir einfach bei der Weggabelung auf der Straße weiter. Nach einer halben Stunde gelangen wir an das Forsthaus Fanal. Unterwegs kreuzen wir eine Wiesensenke, nach der von links eine Schotterstraße einmündet. Wir befinden uns wieder im Pedreira. Hier wechselt die Straße auf Asphalt, kurz darauf biegt ein Erdweg nach rechts ab. Er führt uns nur wenige Hundert Meter zurück zum Forsthaus Fanal.

ATLANTISCHER OZEAN
OCEANO ATLÂNTICO
Straße gesperrt
E.R.101-7
Casais de Cirna
Fajã das Contreiras
VE2
Straße gesperrt
Ribeira Funda
E.R.101
Fajã da Parreira
Laje
27
Serradinho
Farrobo
Castanheiro
Ribeira da Laje
Cova
Cais
Terras do Andrade
Cabeço da Esmoutada
1047
Seixal
Ponta do Poiso
Ilhéu das Ceroulas
Véu da Noiva
Straße gesperrt
E.R.221
Cubo do Moinho
Serrado
Kratersee
Cabeços
843
Boqueirão
Chão da Ribeira
Casa do Guarda Florestal
1241
Pedreira
1164
Chão da Cancela
P
Terra Chã
Fanal
1236
Parque Natural da Madeira
Reserva Natural Integral
Vão do Fanal
Lombo do Cedro
Montado dos Pessegueiros
Fajã dos Remos
E.R.209
1558
0 500 m
1247

Strandtour 27

Praia da Laje

Vulkanstrand bei Seixal

DAUER	-
LÄNGE	-
HÖHENMETER	-
SCHWIERIGKEIT	LEICHT
MIT ÖFFIS ERREICHBAR	ja

Das erwartet dich ...

Der kleine Ort Seixal liegt im Gebiet von Porto Moniz. Er ist von Landwirtschaft und Weinbau geprägt. Daher befindet er sich noch immer etwas Abseits eines großen Touristenaufkommens. Um so entspannter können wir hier den kleinen, schwarzen Lavastrand genießen, der direkt zu Füßen des Örtchens liegt; idyllisch eingerahmt von den umgebenden Felsen.

Start & Ziel & Anreise

Seixal liegt etwa in der Mitte des nordwestlichen Abschnitts der Küstenautobahn ER 101 und wird von dieser über eine westliche und östliche Ausfahrt erschlossen. Der Bus Nr. 139 fährt zweimal täglich nach Porto Moniz und Funchal via dem Encumeada-Tunnel.

Tourenbeschreibung

Praia da Jamaica – so wird der hübsche Strand von Seixal auch bezeichnet. Bei einem ersten Besuch sticht uns gleich der Kontrast der tiefgrünen, umgebenden Landschaft zum kristallklaren Blau des Meeres ins Auge. Am Dorfeingang befindet sich ebenfalls ein langer Strand, aber aus Kieseln. Er lädt zum Schwimmen, Fischen oder Tauchen ein. Weiter unten in der versteckten Bucht treffen wir dann auf den Praia da Laje, der mit seinem feinen, schwarzen Sand lockt. Zum Teil ist aber auch er mit feinen Kieselsteinchen durchsetzt. Oberhalb des Strandes befindet sich die gleichnamige Bar, die Snacks und Getränke anbietet. Umkleidekabinen und Duschen machen den Aufenthalt noch angenehmer.

Neben dem schönen Naturstrand hat Seixal auch zwei Naturschwimmbecken zu bieten. Die Piscinas Naturais sind noch spektakulärer gelegen als die von Porto Moniz. Am östlichen Ende von Seixal gibt es eine weitere Bademöglichkeit beim

Clube Naval do Seixal. Wer mal ein wenig Abwechslung zum Sonnenbaden braucht, der kann hier auch Kajaks oder eine Tauchausrüstung mieten.

Seixal hat sich bis heute seinen gelassenen Charme erhalten. Eine lange Reihe von Palmen, die entlang der Straße zum Strand gepflanzt wurden, geben dem Ort einen tropischen Charakter. Dunkle, zerklüftete Felswände fallen steil zum Meer ab und lassen den Ort romantisch und zugleich abenteuerlich erscheinen. Wofür der Ort auch bekannt ist, und was man bei einem Besuch – außer dem Baden – nicht verpassen sollte, ist der hervorragende Wein, der in dem milden Mikroklima sehr gut gedeiht. Hier wächst einer der besten Weine Madeiras, der Sercial.

Neben dem Weinanbau lebt Seixal auch heute noch von der Fischerei. Direkt am Hafen kann man den frisch gefangenen Fisch kaufen oder ihn sich in einem der guten Restaurants frisch zubereitet schmecken lassen. Die Forelle ist eine regionale Spezialität. Für kulturelle Abwechslung sorgt ein Besuch der Pfarrkirche und Kapelle Santo Antão.

Die Piscinas Naturais in Seixal laden zum Baden ein

28

ATLANTISCHER OZEAN
OCEANO ATLÂNTICO
Baixa do Monís
Porto Moniz
Penedia
Ilhéu Mole
Porto e Cais
Piscinas naturais do Porto Moniz (Meeresschwimmbecken)
Moniz Sol
Ladeira
Ponta do Tristão
Fajã Nunes
Pedra Mole
Fazenda
Salão
Santa Madalena
Santa
28
E.R.101
Levada Grande
412
Pico do Caldeirão
VE2
Ilhéus da Ribeira da Janela
Pombais
Ribeirinho
Pico Alto
Lamaceiras
Pico das Covas
Cabana do Pico
Junqueira
Achada Grande
Alagoa
613
Ribeira da Janela
E.R.101-7
Straße gesperrt
Casais de Baixo
Eira da Achada
Achada da Arruda
Achadas da Cruz
E.R.110
Roseira
811
E.R.101
Levada da Janela
Casais de Cima
Pinheiro
Achada da Fonte Vermelha
José Lopes
Achada do Castro
E.R.209
Achada do Pinheiro
Lombo da Azeveda
Gamelas
Terça
935
Chão do Covão
Levada da Janela
Curral Falso
Castanh
Fonte da Pedra
1022
Cabeço da Esmouta
1047
Lombo Alto
Cubo do Moin
Cabeço das Covas
1054
Pico da Pedreira
1086
0 500 m
Kratersee

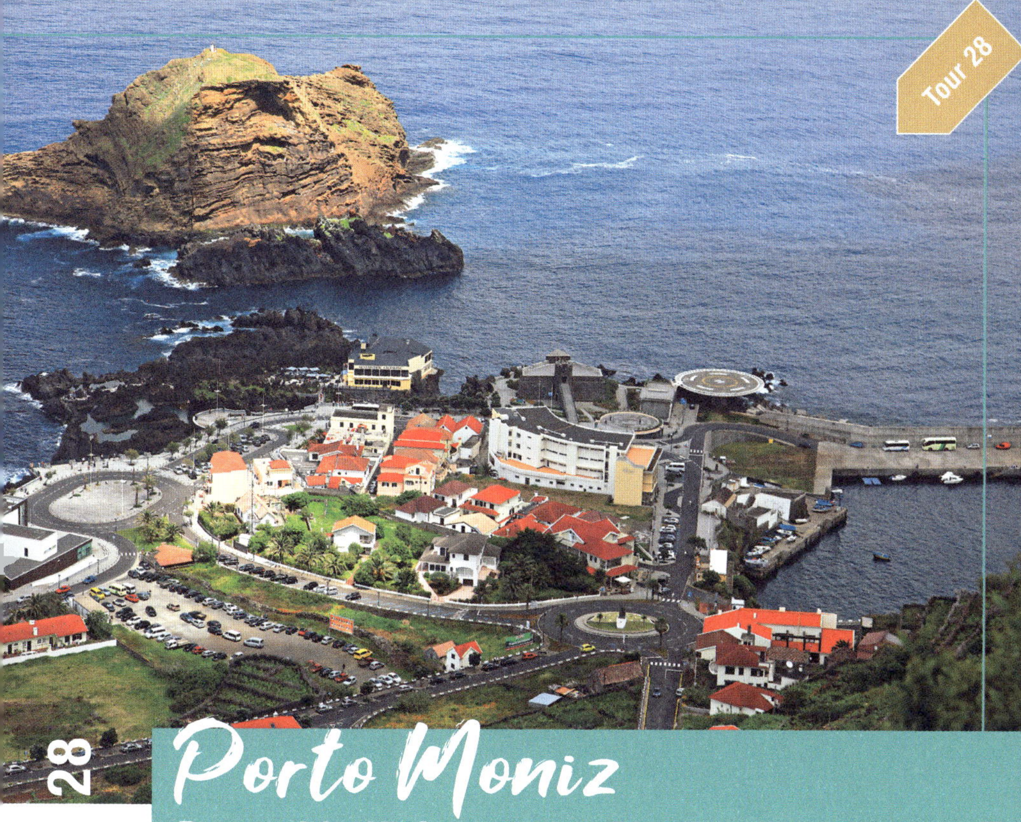

28 Genusstour

Porto Moniz

Der noble Hafenort des Nordwestens

DAUER	1h 15min
LÄNGE	3,8 km
HÖHENMETER	0 hm
SCHWIERIGKEIT	LEICHT
MIT ÖFFIS ERREICHBAR	nein

Das erwartet dich ...

Die Wanderung ist sehr kurz und auch aufgrund dessen nicht allzu schwierig. Es gibt jedoch einige, abschüssige Wegstellen, die ein wenig Trittsicherheit abverlangen. Völlig ausgesetzte Wegstellen sind nicht vorhanden. Im Ortsbereich benötigen wir etwas Orientierungssinn. Porto Moniz ist seit Langem für seine natürlichen Schwimmbäder und seine reine, wunderschöne Landschaft bekannt.

Genusstour 28

Start & Ziel & Anreise

Wir beginnen die kurze Wanderung in Santa Madalena, das wir mit dem Auto sowohl über die ER 101 als auch über die ER 105 erreichen. Von Funchal fährt vormittags der Bus 80 über Santa Madalena nach Porto Moniz. Der Bus retour fährt am Nachmittag.

Tourenbeschreibung

Im äußersten Nordwesten Madeiras liegt Porto Moniz; der noble Hafenort ist nach dem Adligen Francisco Moniz benannt und darf bei keiner Madeira-Besichtigung fehlen. Er erstreckt sich auf einer nach Norden ausgerichteten Landzunge und wird von der kleinen, vorgelagerten Insel Ilhéu Mole geschützt. So gilt sie als der sicherste Hafen der Insel und gleichzeitig als einer ihrer schönsten Orte. Für Urlauber hält sie angenehme Meeresschwimmbäder bereit; diese natürlichen Pools sind, umgeben von großen und kleinen Lavasteinen, im Meer eingebettet. Sie sind von der Flut mit kristallklarem Wasser gefüllt. Die Festung João Batista wurde 1730 als Schutz gegen Piraten erbaut. Heute befindet sich hier das Madeira-Aquarium und zeigt mehr als 70 typische Fischarten des Atlantiks.

Ein Anziehungspunkt von Porto Moniz ist die Levada da Janela. Sie kommt aus dem Tal der Ribeira da Janela und mündet etwas oberhalb des Ortes in die Küstenhänge. In vergangener Zeit gab es viele Wege, die die Ortsteile Ribeira da Janela und Achadas da Cruz mit dem Hafen verbanden. Der moderne Straßenbau vernichtete die meisten. Ein kurzer Abschnitt blieb jedoch zwischen Santa Madalena und Porto Moniz erhalten. Die heutige Wanderung eignet sich besonders gut, um in Verbindung mit einer Inselrundfahrt einige Erkundungen zu Fuß zu unternehmen. Dabei bleibt uns genügend Zeit, die gastfreundlichen Restaurants zu besuchen und die mondäne Promenade entlangzuschlendern, um dabei das raue Meer auf sich wirken zu lassen. Nicht zu vergessen der Aussichtspunkt Miradouro da Santa – er bietet einen atemberaubenden Blick auf die Hafenstadt.

Lost geht's direkt an der Hauptstraße ER 101 in Santa Madalena. Die ER 101 kommt aus Porto Moniz und führt Richtung Achadas da Cruz. 100 Meter nordöstlich der Kirche zweigt linker Hand ein Pfad ab, der „Caminho do Pico". Wir folgen ihm fünf Minuten in gleichbleibender Richtung bis an eine Kreuzung. Am Ende des Asphalts wandern wir auf nun betoniertem Sträßlein bis zu einem Aussichtspunkt. Er gewährt uns herrliche Blicke auf die Küstenlandschaft – ein Grund, warum diese kurze Tour so attraktiv ist. Aus tiefblauem Meer leuchtet der vorgelagerte Felsen hervor. In Pedra Mole endet das Sträßchen und Stufen führen uns nun weiter nach rechts zum Beginn des alten Verbindungsweges. Ein kurzes Stück durchs schattige Tal hinab, dann tangieren wir die ER 101 in einer Haarnadelkurve. Wir gehen links weiter abwärts und stoßen auf einen schmalen, steilen Schotterpfad.

Mittels einiger Stufen queren wir eine kleine Levada oberhalb der Schule von Porto Moniz. Die Levada bringt uns nach rechts, gut 150 Meter später erreichen wir eine Straße, die nun bereits im Zentrum von Porto Moniz liegt. Sie leitet uns erst nach links, dann in einem Rechtsbogen Richtung Küste. Bei einem nach links abgehenden Verbindungsweg unmittelbar an der Uferpromenade und am Pool-Komplex erreichen wir die Küste. Am darauffolgenden Kreisverkehr findet sich eine Bushaltestelle für die Rückfahrt zum Ausganspunkt oder Richtung Funchal. Doch bevor wir die Rückreise antreten haben wir uns eine ausgiebige Rast an diesem schönen Ort verdient. Dafür empfängt uns unmittelbar oberhalb der Seewasserpools das Restaurant Orca. Es gehört zu den ersten Adressen des Hafenortes. Hier gibt es herrliche Fischgerichte wie Seebarsch, Schwertfisch, Seebrasse oder Lachs. Aber auch Fleischmenüs vom Lamm, Huhn oder Rind stehen auf der Karte.

ATLANTISCHER OZEAN
OCEANO ATLÂNTICO
Ponta do Tristão
Fajã Nunes
Fazenda
Salão
Santa Madalena
Santa
Levada Grande
Ribeirinho
Pombais
Pico Alto
Pico das Covas
Cabana do Pico
Achada Grande
Fajã dos Quebrada Nova
Achada da Arruda
Achadas da Cruz
Achada do Castro
Pinheiro
E.R.110
Roseira
E.R.101
811
Achada do Pinheiro
Lombo da Azeveda
Terça
935
Chão do Covão
Lombo da Terça
N. Sra. da Boa Morte
Cabo
Lombo do Cabito
Fonte da Pedra
1022
Madeira Sunset Cottage
Cabeço do Aposento
Ribeira da Vaca
Levada Nova
Lombada Velha
Serrado
E.R.101
Pedregal
Cottage Dragoeiro
Cabeço das Covas
1054
Pico da Pedreira
1086
Salão de Cima
Levada Nova
Ponta do Pargo
Lombo do Meio
Lombadinha
Corujeira de Fora
Amparo
Alto da Ponta do Pargo
1008
Passada Vermelha
998
977
Pico Alto
Lombo dos Verdes
0 500 m

Achadas da Cruz

Steilküste und Feldterrassen

DAUER	1h 30min
LÄNGE	3,5 km
HÖHENMETER	400 hm
SCHWIERIGKEIT	MITTEL
MIT ÖFFIS ERREICHBAR	nein

Das erwartet dich ...

Uns erwartet ein steiler, an wenigen Stellen auch ausgesetzter erdiger Pfad, der ein gewisses Maß an Geschicklichkeit und Trittsicherheit verlangt. Hoch hinauf geht's am Ende der Wanderung wieder mit der Seilbahn. Hier darf man nicht zimperlich sein – schwindelfrei lässt sich die bequeme Auffahrt mit der atemberaubenden Seilbahn „Teléferico das Achadas da Cruz" besser genießen.

Start & Ziel & Anreise

Das Örtchen Achadas da Cruz erreichen wir mit dem Auto über die ER 101. Es liegt zwischen Porto Moniz und Ponta do Pargo. Im Ort ist die Zufahrt zur Seilbahn über eine Nebenstraße gut ausgeschildert.

Tourenbeschreibung

Nahe Porto Moniz liegt das unscheinbare Örtchen Achadas da Cruz, in dem es auf den ersten Blick nicht viel zu sehen gibt. Wäre da nicht die Seilbahn, die wagemutig fast senkrecht von der abbrechenden Steilküste 451 Meter wie im freien Fall zum Meer hinabführt. Auf einem typischen Schwemmkegel – Fajã genannt – liegt ihre Talstation. Sie wird von den Bauern von Achadas zum Anbau von Obst und Gemüse genutzt. Aus diesem Grund wurden mit der Zeit technische Aufstiegsmittel gebraucht, um nicht immer die 450 bzw. 600 Höhenmeter bis zum Ort überwinden zu müssen. Trotzdem gibt es den alten Wanderweg noch immer, der besonders gern von weniger Wagemutigen genutzt wird, um so die schwindelerregende Talfahrt vermeiden zu können.

Hinweisschilder machen an der Bergstation mit der kleinen Bar auf den Wanderweg aufmerksam. Der Steig leitet in unzähligen Serpentinen durch einen Taleinschnitt abwärts. Einige wenige Stellen sind dabei etwas ausgesetzt, aber durch Drahtseile gesichert. Im oberen Teil machen Beton und Holzgeländer den Weg sicherer; der Hauptteil des Weges läuft über erdigen Boden. Da das Gelände sehr steil ist, verlieren wir rasch an Höhe und hören immer deutlicher das tosende Meer unter uns. Gegen Ende biegt der Pfad in die Talung der Ribeira do Tristão ein, die einer Schlucht hier sehr ähnlich ist.

Hier sind einige ausgesetztere Wegabschnitte, doch die Drahtseilsicherungen helfen sie gut zu überwinden. Über steile Treppen erreichen wir nahe der Flussmündung zum Meer den Kieselstrand, der sich vor der Steilküste als fächerförmiger Schuttkegel aufgehäuft hat – Fajã Quebrada Nova, so wird er im einheimischen Sprachgebrauch genannt. Linker Hand wandern wir über einen Pfad durch die Obst- und Blumenkulturen Richtung Südwesten. Eine Viertelstunde später stehen wir an der Talstation der Seilbahn. Es gibt zwei Gondeln, von denen eine immer zur Abfahrt bereitsteht. Personal gibt es nicht. Wir setzten uns einfach in die offene Kabine, drücken den Signalknopf und warten, bis die Fahrt beginnt. Innerhalb weniger Minuten schweben wir ohne einen Stützpfeiler zwischendurch hinauf zur Klippe und zurück zu unserem Ausgangspunkt an der Bergstation.

Der Wanderpfad war vor dem Bau der Seilbahn die einzige Verbindung zum Meer

Achadas da Cruz
Achada da Arruda
Achada do Castro
Fajã dos Quebrada Nova
Pomba
Achada Gra
Pinhe
Achada do Pinhe
Lombo da Azeve
Terça
935
Chão do C
Lombo da Terça
N. Sra. da Boa Morte
Cabo
Lombo do Cabito
Madeira Sunset Cottage
Cabeço do Aposento
Ribeira da Vaca
Serrado
Levada Nova
Lombada Velha
E.R.101
Baixa da Rib. dos Moinhos
Passo da Guerra
Pedregal Cottage Dragoeiro
Cabeço das Covas
392
Passo dos Cabazes
Pico das Favas
30
Ponta do Pargo
Salão de Baixo
Salão de Cima
Baixas de S. Pedro
Fajã Grande
Miradouro do Fio
Levada Nova
Lombo do Meio
Ponta do Pargo
Fajã Pequena
Lombadinha
Corujeira de Fora
Amparo
Alto da Ponta do Pargo
1008
998
977
Pico Alto
Lombo dos Verdes
Porto do Pesqueiro
Casais da Serra
Pico da Cova Grande
996
Lombo
Achado do Mestre
731
Achada do Mestre
Lombada dos Marinheiros
Lombos
Poiso da Fajã da Ovelha
876
E.R.101
Lombo de S. Lourenço
S. João
S. Lourenço
Lombada dos Cedros
Lombo da Raposeira
0 500 m
Ponta do Pesqueiro
Fajã da Ovelha
Maçapez
E.R.101

Ponta do Pargo

Runde im äußersten Westen

DAUER	5h
LÄNGE	16 km
HÖHENMETER	300 hm
SCHWIERIGKEIT	MITTEL
MIT ÖFFIS ERREICHBAR	nein

Das erwartet dich ...

In noch wenig erschlossenen Gefilde führt uns die Rundwanderung von Ponta do Pargo ein Stück an der Levada Nova entlang eines klassischen Levadaweges. Die Tour verläuft überdies auf recht einfachen Routen über Dorfstraßen und Feldwege. Da die Runde nicht markiert ist, kann die Orientierung hier und da ein wenig schwierig werden, vor allem bei Nebel. Unterwegs genießen wir das ursprüngliche Ambiente und ein paar herrliche Aussichtspunkte.

Start & Ziel & Anreise

Ausgangspunkt ist das Örtchen Ponta do Pargo bei der Kirche im Zentrum des Ortes. Mit dem PKW erreichen wir den Ort von Norden über die ER 101, von Süden fahren wir über die VE3. Mit den öffentlichen Verkehrsmitteln ist Ponta do Pargo nur sehr schwer erreichbar.

Tourenbeschreibung

Die stille und abgeschiedene Landschaft im äußersten Westen Madeiras ist noch relativ unerschlossen. Der kleine, touristisch noch unberührte Ort Ponta do Pargo oberhalb des Leuchtturms konnte sich bisher sein ursprüngliches Ambiente bewahren. Eine der bekanntesten Sehenswürdigkeiten ist hier der Ausblick auf die Nordküste, die senkrecht zum Meer abbricht. Beim „Miradouro" an der Casa de Chá wie auch beim Leuchtturm kann sie besonders schön eingesehen werden. Das Leuchtfeuer wurde 1922 erbaut und steht 375 Meter über dem Meer. Hier können wir unseren Blick weit über die Steilküste und den Atlantik schweifen lassen. Ganz in der Nähe finden noch immer Erschließungsmaßnahmen statt, deren Ziele aber noch nicht erkennbar sind.

Die angenehme und gemütliche Runde eignet sich am besten für Wanderer, die in Paul do Mar oder Porto Moniz untergebracht sind. Sie entführt zuerst an

den klassischen Levadaweg, danach durch eine schottisch anmutende Wiesenlandschaft. Hier begegnen uns kleine, ursprüngliche Weiler und der ländliche Charme Madeiras.

Los geht's im Örtchen Ponta do Pargo. Von der Pfarrkirche am Hauptplatz Largo Conega Homem de Gouveia folgen wir der Straße nach Norden und überqueren nach 500 Metern die ER 101. Auf der anderen Seite, neben einem von Trödel umgebenen Haus, verläuft die Rua Salão de Cima. Wir folgen ihr gut eine Viertelstunde aufwärts, bis wir nach der roten Mauer der Quinta da Serra auf eine breite Straße stoßen.

Oberhalb des markanten, gelben Tores führt ein Feldweg nach links in die mit Adlerfarn bewachsene Wiese. Er führt uns in den Kiefernwald, dann stetig aufwärts parallel zur Fahrstraße direkt zur Levada Nova. Wir biegen links ein und begleiten sie die kommenden 6,5 Kilometer. Ihr Verlauf zieht sich durch angenehmen Kiefern- und Eukalyptuswald und passiert mehrere Bachgräben mittels moderner Betonbrücken. Direkt nach dem Einstieg gelangen wir an ein saniertes Wasserhaus mit einem großen Steintisch. Es steht hoch über dem Tal auf einer Lichtung und lädt zu einer ersten Rast ein. Dahinter durchqueren wir einen tiefen Taleinschnitt, in dem wir dreimal Seitenbäche queren.

Nach diesem Einschnitt passieren wir mehrere Erdpisten, einmal mit einer Levadabrücke kurz hinter einem Wasserbecken. Die Strecke ist zwar stets gut erkennbar, ab und an hilft jedoch ein altes Schild bei der Orientierung, wenn die Levada hinter einem Erdwall oder Ähnlichem verschwindet. Im weiteren Verlauf ist der Weg breit und gut in Schuss. Der zweite Teil verläuft in einem tiefen Taleinschnitt, der von Eukalyptuswald und Adlerfarn gesäumt ist. Immer wieder streifen wir aber auch jüngere Waldgebiete, die uns einen freien Blick auf den Atlantik ermöglichen. Nach gut 6 Kilometern zieht die Levada hinter einem kleinen Taleinschnitt Richtung ER 101, um sie kurz darauf zu überqueren. Auf der anderen Seite gehen wir noch wenige Hundert Meter unterhalb der Straße, dann endet der Kanal unerwartet in einer Asphaltstraße. Gegenüber sehen wir ein rechteckiges Sammelbecken.

Wir sind am Schnittpunkt angelangt und damit am Ende der Levadastrecke. Die Dorfstraße Rua da Capela führt uns nun teilweise steil hinab, bis wir die Häuser und die alten Kuhställe von Cabo erreichen. Hinter einer S-Kurve erwartet uns die Kapelle von Cabo, Nossa Senhora da Boa Morte. Sie schmiegt sich hoch über der Steilküste in sanftes, für Madeira untypisches Wiesengelände ein. Von der Kirche steigt ein Wiesenpfad, der der Mutter Gottes geweiht ist, einige Minuten hinab. Wir gelangen an eine einfache Aussichtskanzel, die uns einen freien, atemberaubenden Blick auf die wilde Westküste Madeiras ermöglicht.

Fortsetzung Tour 30

Linker Hand des Parkplatzes führt ein Erdweg weiter durch das Wiesental östlich der Kirche. Er zieht durch Weidelandschaft um einen bewaldeten Hangrücken herum. Nach einem weiteren, flachen Einschnitt erreichen wir den Weiler Lombada Vehla und die Rua da Cruz.

An der nächsten Kreuzung halten wir uns links auf eine asphaltierte Dorfstraße, die ehemals den Verbindungsweg zwischen den Dörfern bildete. Sie führt leicht abwärts an ein paar Häusern vorbei. Der asphaltierte Caminho Velha geleitet uns in den Taleinschnitt des Ribeira dos Moinhos hinunter. Schließlich steigen wir wieder zum Hangrücken von Serrado auf. In einer Spitzkehre gabelt sich der Weg – hier biegen wir links ab und erreichen nach einem weiteren Taleinschnitt den Weiler Pedregal. Hier treffen wir auf den alten, jetzt betonierten Verbindungsweg, der geradeaus in den Ortskern führt. Die Abzweigung mit der Kennzeichnung Levada/Pedregal nach links oben ignorieren wir. Unser Weg führt geradeaus in das Bachtal der Ribeira dos Moinhos hinunter, das wir über eine Betonbrücke überqueren.

Zu guter Letzt folgen wir einem Gegenanstieg durch Wiesenhänge aufwärts bis zum westlichen Ortsrand von Ponta do Pargo. Wir erreichen eine Bushaltestelle. Direkt daneben liegt die Bar da Malta, bei der wir eine verdiente Pause einlegen können. Dann geht's zurück zum Ausganspunkt an der Kirche am Hauptplatz. Dafür folgen wir der breiten Dorfstraße geradeaus und gelangen nach wenigen Hundert Metern ins Zentrum von Ponta do Pargo.

Die Levada Nova im Taleinschnitt der Ribeira dos Moinhos

31

Achado do Mestre
731
Achada do Mestre
Pico da Fonte do Bispo
Pico da Roseira
1183
Melros
1264
Lombada dos Marinheiros
Marinheiros
Lombos
Poiso da Fajã da Ovelha
876
E.R.101
Achada Grande
1193
S. João
S. Lourenço
Lombo de S. Lourenço
Lombada dos Cedros
Lombo da Raposeira
Ponta do Pesqueiro
Fajã da Ovelha
E.R.210
E.R.101
Raposeira do Serrado
Macapez
Lombo do Coelho
Raposeira do Lugarinho
Lombo da Igreja
Aparthotel Paul do Mar
Ribeira das Galinhas
E.R.222
Lombo das Uveiras
Maloeira
Serrado da Cruz
E.R.223
VE3
Raposeira
601
Lagoa
Lombo da Velha
Prazeres
31
Lombo da Ribeira Funda
Quebrada
Jardim Atlântico
Estacada
Paúl do Mar
Carreira
Cardosas
E.R.222
736
Lombo da Rocha
Picos
Atalinho
Ponta Pequena
Referta
VE7
Lombo dos Moinhos
Lombo Lameiro
31
Jardim Pelado
Jardim do Mar
Lombo dos Reis
VE3
Jardim do Mar
Capela dos Reis Magos
Estreito da Calheta
Ponta do Jardim
E.R.223
Lombo da Igreja
E.R.22
Ponta da Galé
Sociedade dos Engenhos da Calheta
Calheta

ATLANTISCHER OZEAN
OCEANO ATLÂNTICO

0 500 m

Prazeres – Jardim do Mar

Zu einer reizvollen Achada

DAUER	2h 30min
LÄNGE	6 km
HÖHENMETER	0 hm
SCHWIERIGKEIT	SCHWER
MIT ÖFFIS ERREICHBAR	ja

Das erwartet dich ...

Die Wanderung hinab nach Jardim do Mar ist zwar kurz, doch gestaltet sie sich gehtechnisch als etwas schwierig. Der Saumpfad ist gepflastert, aber steil; Im unteren Teil an einer Stelle sogar leicht ausgesetzt. Im Bereich der Küste gehen wir weglos über grobe Kieselsteine und Felsen. Achtung! Bei Flut und hohen Wellen ist die Engstelle zwischen Paúl do Mar und Jardim do Mar nicht passierbar. Unterwegs tauchen wir dann ein in eine teils einsame und wildreiche Küstenlandschaft.

Start & Ziel & Anreise

Unser Ausgangspunkt Prazeres kann mit dem PKW über die ER 101 erreicht werden. Der Ort liegt direkt an der Hauptstraße Funchal – Porto Moniz. Von Funchal aus fährt der Bus Nr. 107. Bei der Anreise mit Auto oder Taxi ist es vorteilhaft, gleich zum Hotel Jardim Atlantico zu fahren, denn so sparen wir uns 30 Minuten Gehzeit. Mit dem Taxi geht es dann retour.

Tourenbeschreibung

Auf der Wanderung von Prazeres entdecken wir die Steilküste zwischen Paúl do Mar und Jardim do Mar. Der Ausgangspunkt Prazeres liegt auf einer „Achada", einer Hochebene 600 Meter über dem Meer. In steilen Abstiegen erkunden wir daher diese eindrucksvolle Küstenlandschaft. So wandern wir zunächst von Prazeres nahe der Kirche über eine Dorfstraße zum mondänen Hotel Jardim Atlantico hinab. Nur wenige Hundert Meter nach der Hotelanlage, nach einem Aussichtspunkt, steigen wir bald steil die Schlucht der Ribeira da Cova hinab Richtung Paúl do Mar. Anfangs über Betontreppen folgt bald ein alter gepflasterter Saumpfad steil abwärts. Unzählige kleine Serpentinen erleichtern uns ein wenig den Abstieg. Im unteren Abschnitt erwartet uns ein besonders steiles Stück. Hier benötigen wir Schwindelfreiheit und Trittsicherheit, auch wenn dieser Teil mit einem Drahtseil gesichert ist. Bald erreichen wir die Basis des tief eingeschnittenen Baches, in den

ein wenig oberhalb die Ribeira Seca do Paúl mündet. Wir passieren eine Steinbrücke und wandern am nördlichen Ufer das letzte Steilstück zur Küste hinunter.

Nach über einer Stunde erreichen wir den Hafenort Paúl do Mar, der heute über eine Küstenstraße von Norden her erschlossen ist. Der malerische Ort mit seinen bunten Booten lädt zum Verweilen ein. Doch dann brechen wir wieder auf und schicken uns an, nach Jardim do Mar weiterzugehen. Die Wanderung an der Küste entlang über den Kieselstrand ist mühevoll. Südöstlich des Fischerhafens wandern wir über eine Eisenbrücke zum Strand hinab. Es geht über den Bachlauf der Ribeira da Cova, die in Schleiern die Felsen herabstürzt. Der Spülsaum bestimmt die Wanderrichtung, ein Weg ist in diesem wildreichen Gelände nicht ersichtlich. Manchmal ist der Strand nur wenige Meter breit. Hinter der Hangnase erwartet uns die weite Bucht mit der schmalsten Stelle des Strandes; bei Flut und hohem Wellengang ist sie unpassierbar. Danach erwartet uns eine weitere Engstelle mit großen, roten Tufffelsen. Hier müssen auch mal die Hände zu Hilfe genommen werden. Zu guter Letzt bewältigen wir noch zwei Schuttfächer von Bächen, die nach Regenfällen ebenfalls kleinere Wasserfälle ausbilden.

Schließlich erreichen wir Jardim do Mar. Eine Betonrampe bringt uns zur mondänen Strandpromenade. Bis ins Jahr 2000 waren die Bewohner beider Orte gezwungen, diese manchmal beschwerliche Strandwanderung auf sich zu nehmen, bis der Straßentunnel eröffnet wurde. Besonders hübsch präsentiert sich der alte Ortskern mit den engen Gassen und pittoresken Häusern. Wir erreichen ihn von der Promenade aus über die zweite Treppe. Jardim do Mar ist besonders bei Badegästen und Surfern beliebt; er ist ein Hotspot für Surfer. 2001 fanden hier sogar die World Surfing Championchips statt. Zudem gibt es drei bekannte Kieselstrände – Portinho, Enseada und Ponta Jardim; sie liegen relativ abgeschieden und sind von einer schönen Landschaft umgeben. Bei der Kirche nahe des Hauptplatzes endet unsere Tour.

Um nach Prazeres zurückzugelangen können wir uns ein Taxi nehmen oder zu Fuß entlang der alten Verbindungsroute zwischen den Dörfern wandern, die über die Achada verläuft. Durch die Vereda do Igreja geht's vorbei an Joe's Bar zum alten Treppenweg. Nach vielen Stufen und kleinen Serpentinen mündet der luftige Pflasterweg nach ca. 1,5 Kilometer auf der Hochebene in eine Straße. Nach einer halben Stunde erreichen wir das Hotel Jardim Atlantico. Von hier aus erfolgt der Rückweg über die bereits bekannte Route.

32

Hotel Pico da Urze
Loiral
1415
Cristo Rei
Loiral
Chã da Quebrada
Levada do Paul I
Levada do Paul II
Cascalho
Estrada muitas vezes bloqueada / Straße oft gesperrt
Levada das Rabaças
Levada do Paul I
Fajã do Carro
Pedras
1512
Pico da Senhora da Ajuda
1368
Amoreiras
Arrebentão
Lombo das Torres
E.R.209
Lombo Grande
Lombo das Terças
Pico Queim
Achada e Levada do Poiso
Lombo de S. João
Ribeiro da Tabua
Pomar de D. João
Levada Nova
Serrado e Cova
Rural Quinta do Alto de s. João
Vale Zimbreiro
Levada Nova
Lombo da Piedade
Monte
Jangão
Outeiro
Canhas
Salão
Levada Nova
Jogo da Bola
32
Fajã da Urti
VE3
Anjos
Quinta Solar
Lombada
E.R.101
E.R.222
Corujeira
Lomba da Ponta do Vargem
Candelária
Livramento
VE3
Lugar de Baixo
VE3
Apresentação
E.R.227
Ponta do Sol
Tabua
VE3
Bar
Cruz
E.R.229
Ribeira Brava
Bravamar
0 500 m

32 Levadatour

Levadas bei Ponta do Sol

Levadawege und ein Wasserfall

DAUER	3h
LÄNGE	9,5 km
HÖHENMETER	110 hm
SCHWIERIGKEIT	SCHWER
MIT ÖFFIS ERREICHBAR	ja

Das erwartet dich ...

Am Anfang erwartet uns ein breiterer Weg, dann geht's ausgesetzter und erodiert über einen Steig an der Levada do Moinho entlang. Hier benötigen wir Trittsicherheit und Schwindelfreiheit. Die Levada Nova dagegen ist gut gesichert mit Geländern und Drahtseilen. Im Tal können eventuell noch immer Bauarbeiten im Gange sein, im hinteren Abschnitt ist die Wanderung jedoch unbeeinträchtigt. Ziel und zugleich Highlight der Runde ist die Durchquerung eines Wasserfalls.

Start & Ziel & Anreise

Unser Ausgangspunkt ist Lombada oberhalb von Ponta do Sol. Von Ponta do Sol nehmen wir die ER222. Die Estrada Nova da Lombada bringt uns in das Örtchen. Parkmöglichkeiten gibt es bei der Kirche. Eine öffentliche Busverbindung gibt es nur bis Tabua oder Ponta do Sol.

Tourenbeschreibung

Lombada hält gleich zwei schöne Möglichkeiten für eine Kanalwanderung für uns bereit: Die Levada Nova und eine zweite, aber weit schwierigere und kühnere, auf der wir bis zur Quelle der Levada Nova vordringen. Ihre „Madre" befindet sich im wildreichen Tal der Ribeira da Ponte do Sol, das jedoch nur für trittsichere und schwindelfreie Wanderer erreichbar ist. Ein schmaler Weg führt in diesem Bereich stellenweise nur auf der Kanalmauer hoch über dem Tal; danach durchqueren wir einen Tunnel und an der Wende müssen wir sogar durch einen Wasserfall hindurchlaufen. So gestaltet sich unser Weg also recht abwechslungsreich und auch mit etwas Nervenkitzel.

Oberhalb von Ponta do Sol befindet sich Lombada auf rund 320 Meter Seehöhe am Ausgang des tief eingeschnittenen Tales der Ribeira do Ponta do Sol. Ein Grund warum die Levadas hier oben angelegt wurden liegt wohl im Zuckerrohr-

anbau. Das Wasser wurde gebraucht, um die vielen Plantagen zu bewässern. Aus eben dieser Blütezeit des Zuckerrohranbaus stammt noch das alte Herrenhaus Quinta João Esmeraldo. Hier starten wir mit unserer Tour. Gegenüber des Gebäudes finden wir die Kapelle Espírito Santo, in der der ehemalige Besitzer der Quinta, der flämische Gutsherr João Esmeraldo, bestattet ist.

Hinter dem Gotteshaus kommen wir nach der Durchquerung des Tores zur Levada do Moinho. Wir begleiten sie gegen die Fließrichtung taleinwärts, bleiben dabei aber noch immer innerhalb der Kulturterrassen. Wir wandern auf den engen Talgrund zu und passieren dabei immer wieder stark ausgesetzte Stellen. Es gibt auch einige Passagen, die stark unterspült oder abgetragen sind. Hier weichen wir auf die schmale Levadamauer aus.

Nach einer Stunde halten wir nach dem Verbindungsweg Ausschau, der über Treppen gut dreißig Höhenmeter steil zur Levada Nova hinaufführt. Wenn wir sie erreichen, haben wir die Möglichkeit nach links an einem Wasserbecken vorbei bis zur Quelle der Levada Nova zu gehen. Sie liegt fast gleichauf mit dem Niveau des Talbodens. Der Rückweg führt uns an der Levada Nova entlang talauswärts. Sie verläuft eine Etage über der Levada do Moinho und wird durch Geländer und Seile gesichert.

Schließlich gelangen wir an die spektakulärste Stelle der Wanderung. Der in den Felsen gehauene Weg führt in einer ausgewaschenen Rinne hinter einem Wasserfall hindurch. Jetzt wird es richtig feucht – weise diejenigen, die eine Regenjacke eingepackt haben. Nach dem Wasserfall bewältigen wir in leicht gebückter Haltung einen rund 200 Meter langen, zur Levada hin offenen Tunnelgang. Eine Stirnlampe schafft hier erhebliche Erleichterung. Über eine Stahlbrücke umgehen wir eine überhängende Felswand. Anschließend wandern wir auf der rund 40 cm breiten Levadamauer aus dem Tal hinaus. Abschüssige Stellen sind hier gut durch Drahtseile und Geländer gesichert.

Wieder im terrassierten Kulturland rückt die Kapelle von Lombada wieder in unser Blickfeld und kündigt das Ende dieser abwechslungsreichen und zugleich anspruchsvollen Runde an. Über eine Treppe steigen wir zur asphaltierten Straße Caminho das Pedras/Pererinha hinunter. Ihr folgen wir abwärts zurück zum Landhaus Quinta Solar dos Esmeraldos.

33

Pico da Senhora da Ajuda
1368
Terra Ch
Arrebentão
Lombo das Torres
Pico Queimado
E.R.209
Lombo Grande
Lombo das Terças
Achada e Levada do Poiso
Lombo de S. João
Ribeiro da Tabua
Furna
Lombo da Banda D'Além
Pomar de D. João
Serrado e Cova
Rural Quinta do Alto de s. João
Vale Zimbreiro
Levada Nova
Lombo da Piedade
Monte
Jangão
Canhas
Salão
Jogo da Bola
VE4
Fajã da Urtiga
Quinta Solar
Lombada
Fajã
E.R.101
E.R.222
Candelária
Corujeira
Livramento
Lomba da Ponta do Vargem
C. Vicente / Rib. Brava
Boa Mort
VE3
Lugar de Baixo
Apresentação
E.R.101
VR1
E.R.227
Ponta do Sol
Tabua
VE3
S. João
Bar
Ribeira Brava
Cruz
E.R.229
Barreiros
Bravamar
Pedra de Nossa Senhor
N. Sra. da Gloria

ATLANTISCHER OZEAN
OCEANO ATLÂNTICO

0 500 m

Tour 33

33 Levadatour

An der Levada Nova

Von Ponta do Sol nach Ribeira Brava

DAUER	4h 45min
LÄNGE	15,5 km
HÖHENMETER	450 hm
SCHWIERIGKEIT	MITTEL
MIT ÖFFIS ERREICHBAR	ja

Das erwartet dich ...

Die Streckenwanderung an der Levada Nova ist schon aufgrund ihrer Länge nicht ganz ohne. Hinzu kommen der Auf- und Abstieg, die beide auf teilweise sehr steilen, betonierten Dorfstraßen verlaufen. Zudem braucht man hier gutes Orientierungsvermögen, da der Weg nicht immer ganz eindeutig zu finden ist. An der Levada selbst wandern wir bequem eben auf einem circa 50 Zentimeter breitem Weg dahin.

Levadatour 33

Start & Ziel & Anreise

Wir beginnen die Wanderung an der Bushaltestelle in Ponta do Sol oberhalb des zentralen Kreisverkehrs gut 500 Meter landeinwärts. Wir erreichen den Ort mit dem PKW über die VE3 an der Küste entlang. Parkmöglichkeiten gibt es in Ponta do Sol. Rückfahrt von Ribeira Brava mit dem Taxi.

Tourenbeschreibung

Im tief in die Südküste eingeschnittenen Tal fließt der Ribeira da Ponte do Sol auf einer Höhe von gut 400 Metern. Die Levada Nova leitet sein Wasser durch die Hänge oberhalb der Küstenorte Ponta do Sol und Ribeira Brava. Wir erreichen die schöne Levadastrecke sowohl von Ponta do Sol als auch von Ribeira Brava über alte Saumpfade und Dorfsträßchen. Bei der Wanderung von Küste zu Küste erkunden wir alte Kulturterrassen, wildreiche Täler und das einsame Örtchen Ribeiro da Tabua. Verschiedenste Landschaftstypen sind die Charakteristika dieser klassischen Levadawanderung, bei der wir ein paar luftige Stellen bewältigen müssen. Auf- und Abstieg sind steil, aber auch für weniger trittsichere Wanderer zu bewältigen.

Von der Bushaltestelle im stattlichen Ponta do Sol wandern wir oberhalb des zentralen Kreisverkehrs ca. 500 Meter landeinwärts. Wir folgen der Straße bis

zum Eingang des Hotels Estalagem da Ponta do Sol hinab. An seinem Parkplatz schwenken wir nach links, gehen kurz die Straße entlang und biegen an der Auffahrtsrampe zum Hotel rechts auf den Caminho de Santo Amaro ein. Steil bringt er uns den Hang hinauf. Bei einem gelben Häuschen stoßen wir auf die ER 222. Auf der anderen Straßenseite folgen wir einem Treppenweg in den Ortsteil Lombada hinauf. An der Dorfstraße Caminho do Pico do Melro wenden wir uns nach links weiter steil hinauf. An der breiteren Straße wandern wir ein kurzes Stück entlang, dann zweigt links der Caminho da Calcada ab. Die betonierte Dorfgasse bringt uns wieder zur breiten Fahrstraße bei einer Bar. Hier geht es nach links, um etwas oberhalb bei einer weiteren Bar auf den Caminho da Volta do Engenho zu wechseln. Mit ihm steigen wir weiter sehr steil durch Gärten hindurch zur Pfarrkirche Capeda do Esmeraldo hinauf.

Direkt neben der Kirche sehen wir ein altes, madeirensisches Landhaus – die rosafarbene Quinta do Esmeraldo. Hier wechseln wir auf den Weg zur Levada Moinho, der durch einen Wegweiser angekündigt wird. Weiter geradeaus auf der Straße passieren wir bald eine Bar und wenig später eine T-Kreuzung. Ein Wegschild weist uns hier nach links auf die Levada Nova. Der steil aufwärtsführende Caminho das Pedras/Pereirinha führt uns unmittelbar an den Rand des Tales des Ribeiro da Ponta do Sol. Deutlich sehen wir in den Steilwänden den Verlauf der Levadas Moinho und Nova. Die Straße bringt uns weiter aufwärts, bis in einer markanten Rechtskurve eine Treppe abzweigt. Kurz darauf treffen wir auf den Einstieg zur Levada Nova.

Nach ein paar Häuser gelangen wir an die breite Fahrstraße; nun wandern wir die nächsten 8 Kilometer an der Levada Nova entlang, deren Verlauf 2007 saniert wurde. Bei einer Straßenquerung müssen wir einige Meter nach links zurück. Die Levada findet hingegen ihren Weg durch ein gelbes Haus. Nur wenig später nach dem Haus kehren wir über Treppen zum Kanal zurück. Um den Hangrücken erreichen wir bald das Tal Ribeira da Caixo. An Feldterrassen vorbei und durch ein kurzes Tunnelstück hindurch gelangen wir schließlich an den Talschluss, der von einem tosenden Wasserfall beherrscht wird. Aufgrund der fehlenden Metallbrücke müssen wir circa 150 Meter vorher bei einem grünen Pfeil auf der Levadamauer nach rechts auf einen schmalen, teils rutschigen Wiesenpfad wechseln. Er bringt uns ins Tal hinab, überquert den Bach und steigt dann wieder zur Levada hinauf. Wir wenden uns nach rechts und wandern mit weitreichenden Blicken wieder aus dem Tal hinaus.

Eine Asphaltstraße unterbricht nochmals die Strecke. Sie kommt von Tabua und Candelária herauf und stellt einen häufig genutzten Einstieg in diese Tour dar. Ein brauner Wegweiser zeigt auf die Levada. Sie muss 100 Meter später nach oben umgangen werden und tritt nach der Querung einer weiteren Straße in den

Fortsetzung Tour 33

Westhang des Tabua-Tales ein. Nun schlendern wir ohne größere Schwierigkeiten auf das versteckt im Talschluss liegende Ribeiro da Tabua zu; dabei begleiten uns Feldterrassen, Kiefernhaine, schattige Taleinschnitte mit Kastanien und Nussbäumen, sprudelnde Seitenbäche und kürzere Waldabschnitte und machen den Weg so recht abwechslungsreich. Davor überqueren wir einen Seitenbach über eine Metallbrücke. Dann steigen wir über Betontreppen zur Straßenbrücke hinauf und gelangen in die aus wenigen Häusern bestehende Ortschaft Ribeiro da Tabua.

Weiter geht es über den Bachgraben hinüber und auf der Fahrstraße nach unten. Sie quert wenig später den Verlauf der Levada. Dann führt uns der Begleitweg nach links durch einen schattigen Hain aus Kastanien in den abschüssigeren Osthang. Wir überqueren ein weiteres Mal eine Brücke; ein paar wenige luftige Passagen danach werden durch ein grünes Eisengeländer geschützt. Falls uns der Abgrund zu schwindelerregend wird, haben wir auch die Möglichkeit, auf die hangseitige Levadamauer zu wechseln, um diese Abschnitte so zu bewältigen. Nach einem zehn Meter langen Felskorridor, der von der Levada durchschnitten wird, erreichen wir ein weiteres Geländer. Es führt nach einem ungesicherten Wegstück an der Felswand entlang auf einen Tunnel zu, der uns aus dem Tal hinausführt. Die 70 Meter lange Felsröhre endet mit einem betonierten Portal; danach überqueren wir die Straße.

Wir machen uns nun an den letzten Abschnitt der Levada Nova. Er bringt uns an leicht luftigen, mit Geländern versicherten Passagen vorbei. In einer markanten Linkskurve umrunden wir den Hangrücken, auf dem ein auffälliges, schwarzes Haus steht. Dann wandern wir einen Betonweg entlang der Steinmauer, teils bis zu einem Meter unterhalb der Levadarinne. An einem kleinen, weißen Haus befindet sich unmittelbar das Ende der Levada Nova und somit der Levadaausstieg. Wir treffen auf eine betonierte Dorfgasse, die links hinauf zu einer Bushaltestelle führt und rechts hinab nach Ribeira Brava. Der Caminho Apresentação zieht dreimal teils sehr steil abwärts. Dabei überqueren wir ebenso oft die Fahrstraße. An der vierten Einmündung folgen wir ihr dann einige Meter nach links. Der Weg geradeaus ist eine Sackgasse. Ein Treppenweg steigt rechts zur Kirche von Apresentação hinunter, danach bringt uns ein Fußweg wieder Richtung Fahrstraße, die wir ein fünftes Mal kreuzen. Über eine Treppe erreichen wir den Caminho do Manuel Germano. Er stößt nach wenigen Metern wieder auf die Fahrstraße.

Wir wenden uns nach links, gehen ein paar Hundert Meter hinab und biegen 150 Meter nach der Snack-Bar Rio links in den Poco Caminho ein. Kurz geht's hinauf zum Cainho da Cruz, ein kleines Stück als Fahrstraße, dann geht er in einen sehr steilen Betonweg über. Rasant zieht er sich durch die Hänge, nach einer S-Kurve trifft er über eine Treppe auf die ER 222. Links durch eine 180°-Kurve geht's nun hinab, nach wenigen Minuten weichen wir nach links auf den Saumpfad aus. Er begleitet uns hinab nach Ribeira Brava. Am Parkhaus überqueren wir nach links das Bachbett und erreichen so die schattige Uferpromenade des Ortes.

Die bunte Häuserfront in Ponta do Sol ist in Wirklichkeit ein Hotel

Pico Queimado
Laje
1308
Pico da Cruz
Crista do Espigão
Chão dos Terreir
1436
Lombo da Banda D'Além
Levada do Lombo
Furnas
E.R.104
Serra de Água
Levada
Eira do Grillo
Espigão
1155
Pico Redondo
Posto florestal Trompica
Lombo do Covão ou Estrei
Ribeiro da Tabua
VE4
Fontes
Levada Nova
Terreiros
Meia Légua
Lugar da Serra
Lombo Furado
Fajã da Urtiga
Ribeira Funda
Eira das Moças
Jardim d
Serr
Fajã
786
Pico da Coroa
S. Vicente / Rib. Brava
Pico da Cruz
964
VE3
E.R.101
Boa Morte
Apresentação
VR1
Fontainhas
Rib. Brava
Corujeira
Longueira
Lombo do Pau Branco
Ribeira Brava
Roda Maçapez
S. João
Pedregal
749
Achada do Campanário
Cruz
Barreiros
Campanário
E.R.229
Porta Nova
Bravamar
Pedra de Nossa Senhora
Furnas e Amoreira
Vera Cruz
Quinta Grande
E.R.229
N. Sra. da Gloria
Campanário
Tranqual
Cruz de Calde
E.R.231
VR1
E.R.232
Caldeira
Quinta Grande
Cabo Girão
Fajã dos Padres
Pico do Ranc
Fajã dos Asnos
Fajã das Bebra
ATLANTISCHER OZEAN
OCEANO ATLÂNTICO
0
500 m

Tour 34

Panoramatour 34

Levada do Norte West

Vom Cabo Girão nach Boa Morte

DAUER	3h 45min
LÄNGE	13 km
HÖHENMETER	250 hm
SCHWIERIGKEIT	LEICHT
MIT ÖFFIS ERREICHBAR	nein

Das erwartet dich ...

Die Wanderung auf dieser Route verläuft weitestgehend ohne größere Schwierigkeiten. Sie führt über breite, teils betonierte Wege nur im Tal der Ribeira de Caixa. Die meisten Stellen sind mit Geländern gesichert und zur ohnehin schon leichten Orientierung stehen zusätzlich ab und an Metallschilder bereit. Am Beginn der Levadawanderung erwartet uns ein toller Aussichtspunkt auf einem Landsporn fast senkrecht zum Meer.

Panoramatour 34

Start & Ziel & Anreise

Vom Aussichtspunkt Cabo Girão starten wir unsere heutige Wanderung. Wir erreichen ihn in östlicher Richtung über die ER229 von Campanário aus. Beim Aussichtspunkt befindet sich ein großer Parkplatz. Von Ribeira Brava nehmen wir ein Taxi zurück zum Parkplatz.

Tourenbeschreibung

Der kühne Aussichtspunkt am Cabo Girão ist der Startpunkt unserer schönen Wanderung. Vom Parkplatz nehmen wir zunächst die breite Steintreppe an der Nordseite. Wir steigen über sie hinab zur Kreuzung mit der ER229 nach Cruz de Caldeira. Links um die Bar herum erwartet uns eine Betonpiste, die nach einer Spitzkehre zum Erdweg Vereda da Furnas wird. Er bringt uns fast eben zum westlichen Portal des Levadatunnels und somit zum Levadaeinstieg.

Unser Wasserkanal biegt im rechten Winkel in den Hang ein; dabei wird er von einem Pfad begleitet, dem wir gegen die Fließrichtung folgen. Anfangs parallel zur ER229 folgt die Levada bald im Taleinschnitt der Linkskurve der Straße. Hier steigen wir zu ihr hinauf, da im steilen Gelände kein Platz für einen Weg ist. Wenig später hinter der Kurve taucht die Levada aus der Tiefe auf eine Weile ist sie jedoch noch von Betonplatten verdeckt. Wir erkennen unseren Weg deutlich und folgen dem Gerinne, das in einer Rechtskurve wieder offen durch die Landschaft zieht. Gemütlich wandern wir durch die Kulturlandschaft, stets mit Blick auf die ER 229. Am Horizont erblicken wir bereits den mächtigen Sporn der Cruz de Caldeira. Nach einer Straßenquerung gelangen wir zu einer Levadaanlage. Hier werden Äste und Blätter aus dem Wasser gefischt.

Wir sind nun schon gut eine Stunde unterwegs, dann fällt allmählich das Gelände in einem Taleinschnitt etwas steiler ab. Hier ist der Levadaweg mit Geländern gesichert. Mit Blick auf die Ortschaft Campanário durchwandern wir im folgenden Abschnitt den Hangeinschnitt. Elegant schlängelt sich der Kanal durch das gestufte Gelände und passiert dabei Ackerterrassen und Obstbaumhaine. Nach einem Eukalyptuswald zieht er immer tiefer in den Hangeinschnitt. Dann überqueren wir den Bachlauf der Ribeira do Campanário und durchqueren erneut einen Eukalyptuswald talauswärts.

Eindeutig und nicht schwierig führt uns der Weg in die weitläufigeren Hänge oberhalb von Campanário hinein. Einen Hangrücken umrunden wir in einem weiten Bogen, am Schnittpunkt führt uns eine Straße über den Kanal. Hinter einer 180°-Biegung und noch einem Levadahaus wandern wir in einen weiteren Taleinschnitt hinein. Hier kommen wir zu einem Fußballplatz und Feldterrassen. Kurz darauf gelangen wir wieder an den gegenüberliegenden Hang mit den von Feldterrassen reich gestuften Hängen. Noch einmal überqueren wir eine schmale Straße, dann wechseln sich bewaldete und offene Abschnitte ab. Nach gut zweieinhalb Stunden Gehzeit gelangen wir kurz nach dem dritten Levadahaus nach Boa Morte. Hier endet die Wanderung entlang der Levada do Norte West.

Über einen Weg abwärts erreichen wir die Snack Bar Pinheiro und die Asphaltstraße. Sie führt uns durch eine Spitzkehre hindurch, bis wir an der Straßenkreuzung von Boa Morte auf die Bushaltestelle treffen. Wem die Lust nach einem längeren Abstieg steht, der kann die Tour gegenüber der querenden Straße fortsetzen; der weitere Verlauf bringt uns bis nach Ribeira Brava bzw. in den Ortsteil Barreiros. Von hier aus erreichen wir in einer Dreiviertelstunde die Hauptstraße ER 229 in Richtung Campanário. Die Haltestelle der nach Osten fahrenden Busse befindet sich beim Kilometerstein 172.

35

1228
Boca da Corrida
Seara Velha
Eira do Serrado
1094
Eira do Serrado
1155
Posto florestal Trompica
Lombo do Covão ou Estrebaria
Lombo do Merouço
Pico Redondo
Espigão
Fontes
Pico das Pedras
1181
Lombo Chão
Lombo da Partilha
Terreiros
Lugar da Serra
Marco e Fonte da Pedra
Serra da Eira da Laje
Fajã das Galinhas
E.R.107
Eira das Moças
Fonte Frade
Lombo de D. Isabel
Rochas Altas
Pico da Cruz
964
Jardim da Serra
Foro
Castelejo
Fontes
Fontainhas
Lombo do Pau Branco
Romeiras
Pedregal
Longueira
35
Estreito de Câmara de Lobos
Barreiros
Estalagem Quinta do Estreito
749
Achada do Campanário
Vargem
Vera Cruz
E.R.229
Quinta Grande
Nogueira
Covão e Panasqueira
Tranqual
35
Heras
Cruz de Caldeira
Quinta do Leme
Lourencinha
Caldeira
Ribeira Real
E.R.231
VR1
Ribeira de Alforra
Câmara de Lobos
Santa Quitéria
Galo
251
E.R.232
650
Câmara de Lobos Centro
Quinta Grande
Caminho Grande e Preces
Cabo Girão
Ribeiro de Alforra e Fonte Garra
Fajã dos Padres
Pico da Torre
Palmeira
Pico do Rancho
Rancho
Serrado de Adega
E.R.229
Fajã dos Asnos
Fajã das Bebras
Caminho Grande e Ribeira de Alforra
Pé de Pico
E.R.114
Câmara de Lobos
Cais
Vitoria
ATLANTISCHER OZEAN
OCEANO ATLÂNTICO
0
500 m

Tour 35

35 Levadatour

Levada do Norte Ost

Uralte Kulturterrassen und Weinberge

DAUER	4h 15min
LÄNGE	11,5 km
HÖHENMETER	50 hm
SCHWIERIGKEIT	MITTEL
MIT ÖFFIS ERREICHBAR	ja

Das erwartet dich ...

Die Wanderung zum Cabo Girão und zum Cruz de Caldeira führt uns weitgehend über einfache Levadastrecken und breiten, teils betonierten Wegen. Im Tal des Ribeira de Caixa erwarten uns einige schmale und abschüssige Passagen, was die Tour ein wenig erschwert. Die meisten Stellen sind mit Geländer versichert. Ein paar Metallschilder erleichtern die ohnehin schon einfache Orientierung. Am Kap selbst werden wir mit atemberaubenden Tiefblicken verwöhnt.

Levadatour 35

Start & Ziel & Anreise

Unser Ausgangspunkt ist die Bushaltestelle in Estreito de Câmara de Lobos direkt beim Kreisverkehr Richtung Jardim da Serra und Fajã das Galinhas/Castelejo. Der Bus 96 verkehrt auf dieser Strecke.

Tourenbeschreibung

Das Kap von Cabo Girão liegt gut 580 Meter über dem Meer. Seine Klippen gehören zu den höchsten Europas und fallen frei ins Meer ab. Die überstehenden Plattformen gewähren grandiose Tiefblicke, die einem schier den Atem rauben. Die Hänge rechts und links des Kaps wurden durch jahrhundertelange Bewirtschaftung zu kühnen Terrassenlandschaften umfunktioniert. Sie werden von der Levada do Norte durchquert, die uns so einen Blick in eine uralte Kulturlandschaft gibt. Vom Encumeada-Pass wird über die Levada das Wasser an die dicht besiedelten Hänge der Orte Boa Morte und Câmara de Lobos transportiert. Weinberge und die ältesten Kulturterrassen Madeiras lassen eine abwechslungsreiche Wanderung erwarten. Immer wieder säumen bunte Bauernhäuschen die Strecke. Holzmasten mit Straßenbeleuchtung belegen, dass der Levadaweg eine uralte Verbindung zwischen den Feldterrassen und den zerstreuten Weiden war. Lediglich im Flusstal des Ribeira Caixa erwartet uns noch eine wilde und ursprüngliche

Natur, die nur vereinzelt mit Kulturterrassen versetzt ist. Beliebt für den Anbau sind Kartoffeln, aber auch Kohl, Tomaten, Avocados, Kürbis und Zuckerrohr und noch einiges mehr. Gesäumt wird der Kanal von einem Blütenmeer aus Nachtschattengewächsen, Hortensien und Trichterwinden oder auch Japanischen Liebesblumen. Entlang der Strecke bieten sich immer wieder herrliche Aussichten, die von Funchal bis zum Cabo Girão reichen.

Oberhalb des Ortsteils Vargem in Câmara de Lobos beginnt die Levada. Über der neu gebauten Straße Estrada Municipial do Covão gibt es eine Levadaanlage, zu der mittels einer Rohrleitung Wasser zugeführt wird. Zugang zum Verlauf der Levada bekommen wir von der Estrada José Angelo Pestana de Barros bei einem violetten Haus vorbei; ein rotes Metallschild hilft bei der Orientierung. Dieser Einstieg kann aber nur mit dem Taxi oder einem Mietwagen erreicht werden. Der wenig begangene Weg verläuft über 3 Kilometer kunstvoll durch die Kulturlandschaft. Er passiert dabei immer wieder Häuser und Weiler und erreicht die Ortschaft Estreito de Câmara de Lobos oberhalb eines markanten Kreisverkehrs. Hier gibt es auch eine Bushaltestelle, weshalb von hier auch ein Großteil der Wanderer startet. Wir folgen dem Wegweiser nach links in die Rua Dr. Alberto Araújo zur Levada hin, die mit einem Artesischen Brunnen unter der Straße geleitet wird. Der folgende Abschnitt bis zur Straße erinnert an die Südtiroler Waalwege, denn immer wieder durchqueren wir die Weinberge.

Die gut erkennbare Strecke führt uns nach zehn Minuten an eine Straße. Wir folgen ihr 150 Meter, dann biegen wir wieder rechts auf die Kanalstrecke ein. Das beschauliche Landschaftsbild ist durchsetzt von Häuschen und Gärten. Kurz hinter der nächsten Straßenquerung zieht der Kanal ins Tal der Ribeira de Caixa und nimmt plötzlich einen anderen Verlauf a. Wir bewegen uns nun auf schmalem Begleitweg, der ab und an nahe an den Abgrund heranführt. Eine Stelle, an der die Levada im Fels verläuft, wird etwas unterhalb umgangen. An einer anderen Passage stehen die Felsen „bauchig" über – hier balancieren wir ein wenig geduckt auf der Levadamauer. Der Kanal durchläuft die Hänge und überquert ein Seitental mittels einer Betonbrücke. Hinter einem Hangrücken geht's in den Talschluss, den wir auf einer Metallbrücke mit Geländer queren. Bald wandern wir durch Kirschbaum- und Kastanienhaine und um Feldterrassen an der anderen Talseite hinaus Richtung des Weilers Garachico. Schmal, aber nicht ausgesetzt erreichen wir Garachico. An einer Bar oberhalb der Dorfstraße können wir eine kleine Rast einlegen.

Für den Weiterweg queren wir die Dorfstraße, die Route setzt sich gegenüber auf einer Betonrampe bei einem gelben Haus fort. Eine halbe Stunde später wandern wir noch immer durch einige Hangeinschnitte. Danach führt die Levada zwischen ein paar Häuser hindurch. Wir überqueren einen kleinen Seitenbach, dann speist ein Stollen von rechts reichlich Wasser in den Kanal ein. Wir folgen der verän-

Fortsetzung Tour 35

derten Fließrichtung bis zum Ortsteil Nogueira. Hier gibt es ein großes Sammelbecken, das das Wasser der Levada aufnimmt. Wir gehen herum zu einer Treppe, die uns danach über eine steile Straße circa 15 Meter aufwärts zur Route zurückkommen lässt. Bald gelangen wir dann an die Stelle, an der die Levada durch einen Erdrutsch verlegt wurde. Ein Pfad bringt uns sicher darüber bis zur ER 229, die das letzte Stück des östlichen Abschnitts der Levada do Norte teilt.

Über eine Treppe steigen wir zum Kanal hinunter. Er ist zunächst noch mit Betonplatten verdeckt, verläuft aber bald wieder offen weiter. Nun wandern wir ungefähr eine halbe Stunde an der Levada entlang zum Aussichtspunkt Cabo Girão. Dabei durchwandern wir noch einmal ein Seitental mit Einlaufanlage und wenden uns dann den ostexponierten Hängen zu. Der folgende Abschnitt ist gut mit Geländern gesichert. Schließlich verlässt uns die breite Levada in einen Tunnel, der unter dem Hangrücken des Cabo Girão auf die Westseite führt. Der Abstecher zum famosen Aussichtspunkt führt entlang des schmalen Kanals, der vor dem Tunnelportal als Levada do Facha abzweigt und geradeaus in den gleichnamigen Weiler führt. Nach der Traversa do Facha steigen wir die Treppe rechts hinauf und folgen ihr bis zur Straße Richtung „Kap der Umkehr".

Schließlich stehen wir an einer der steilsten und höchsten Klippen Europas. Bei dem kleinen Parkplatz biegen wir sofort wieder rechts von ihr ab, um nach wenigen Metern eine weitere, lange Treppe durch einen Eukalyptuswald emporzusteigen. Wir gelangen in eine Sackgasse, folgen ihr noch etwas aufwärts und schwenken dann bei der nächsten Kreuzung links ein. Ein paar Hundert Meter später stehen wir am Parkplatz beim Cabo Girão. Die Tiefblicke sind nicht gerade schwindelfrei, dafür atemberaubend. Wir machen uns auf Richtung Bushaltestelle beim Cruz de Caldeira an der ER229. Wir folgen der Zufahrt zur Kirche an der Westseite des Parkplatzes und schwenken in der ersten Serpentine nach links. Der Pfad ist zunächst im Wiesengelände undeutlich, wird aber von Schritt zu Schritt besser erkennbar. Er umrundet die Kuppe des Kaps, mündet in einen betonierten Dorfweg und endet bei einer Trafostation und der Bar Cabo Girão, die unmittelbar am Cruz de Caldeira an der ER229 liegt. Sie verfügt sogar über einen Supermercado. Gut 200 Meter nach rechts (oder 100 Meter nach links) befindet sich die Bushaltestelle. Wir haben die Möglichkeit, die Wanderung an der Westseite in Richtung Quinta Grande und Boa Morte fortzuführen. Dafür folgen wir der Betonstraße direkt an der Westseite der Bar hinab. Sie führt nach einer Serpentine zu einem Erdpfad, der wiederum beim westlichen Tunnelportal auf den Levada-Begleitweg trifft.

Am Cabo Girão geht es 580 Meter in die Tiefe

36

ATLANTISCHER OZEAN
OCEANO ATLÂNTICO

0 500 m

Strandtour 36

Praia Formosa

Funchals Stadtstrand

DAUER	-
LÄNGE	-
HÖHENMETER	-
SCHWIERIGKEIT	LEICHT
MIT ÖFFIS ERREICHBAR	ja

Das erwartet dich ...

Der größte öffentliche Stadtstrand Funchals liegt bei São Martinho an der Westküste Madeiras und einer der beliebtesten Badestrände rund um Funchal. Der Formosa-Strand gehört zu einem Badekomplex mit drei kleineren Sandstränden und einem großen Kiesel- und Steinstrand. Der schwarzsandige Strand zieht sich hinüber bis nach Câmara de Lobos. Er hat abwechslungsreiche Angebote parat: Neben Ruhe und Erholung finden wir auch Zerstreuung in den zahlreichen Cafés und Bars an der Uferpromenade.

Start & Ziel & Anreise

Der Praia Formosa befindet sich in São Martinho, dem westlichen Stadtteil Funchals. Er ist mit dem Auto gut zu erreichen und bietet in der Rua da Praia Formosa einige große Parkplätze. Dder öffentliche Bus 35 fährt die Praia Formosa an.

Tourenbeschreibung

Der Praia Formosa ist vor allem unter den jüngeren Einheimischen sowie Touristen sehr beliebt; nicht nur wegen seiner günstigen Lage nahe der Hauptstadt Funchal, sondern auch wegen der vielen Wassersportmöglichkeiten, sportlichen Wettbewerben, „Miss"-Veranstaltungen, Konzerten und des dort gebotenen Nachtlebens. Die Wasserqualität ist hier hervorragend, sie wurde mit der „Blauen Flagge" ausgezeichnet. Entlang des Betonsteges gibt es öffentliche Duschen, Toiletten und Umkleidekabinen. Während der Saison überwachen sogar einige Rettungsschwimmer die Strände. Besonders schön wird es dann am Abend, wenn die Sonne direkt über dem Meer untergeht und die Strandpromenade seitlich in ein rötliches Licht getaucht wird.

Der Praia Formosa wird durch eine lange Promenade mit der Bucht des Fischerörtchens Câmara de Lobos verbunden. Ein über zwei Kilometer langer Fußweg führt an der Küste entlang. Die Promenade wurde auf Säulen errichtet, um die Schönheit der Steilküste nicht zu berühren und endet am Strand „Ribeira dos Socorridos". Hinter jeder einzelnen Bucht tun sich dabei neue Blicke auf. Câmara de Lobos hat einen malerischen Hafen. Von hier aus fahren noch heute täglich Fischer in ihren bunten Booten hinaus aufs Meer. Der Ort ist auch die Heimat des „Ponchas", ein Getränk aus frisch gepresstem Zitronensaft, Honig und Zuckerrohrschnaps, das in den vielen kleinen Bars angeboten wird.

Am östlichen Ende der Praia Formosa befinden sich die Doca dos Cavacas. Das Naturschwimmbad mit felsigen Vulkansteinbecken bietet einen herrlichen Panoramablick über das Meer und Cabo Girão, den höchsten Felsvorsprung Europas. Hier angeschlossen gibt es ein gleichnamiges Restaurant, das auch Umkleidekabinen und Duschen anbietet. Gleich in der Nähe befindet sich der Ilhéu da Praia Formosa, ein toller Aussichtspunkt nahe dem Strand. Das Sportzentrum direkt am Praia do Formosa bietet zusätzlich jede Menge Möglichkeiten, sich in den verschiedensten Wassersportarten auszuprobieren.

Praia Formosa

Fajã das Galinhas
Rochas Altas
E.R.107
Lombo de D. Isabel
Barreira
Divisão de Águas
Lombo do João Boieiro
Castelejo
Fontes
Romeiras
Laranjal
Pomar do Miradouro
Capela de N. Senhora da Alegria
Alegria
Lombo dos Aguiares
Barreiros
Estalagem Quinta do Estreito
Vargem
Encruzilhadas
Salão
Lombo Segundo
Santana
São Roque
Covão e Panasqueira
Santo Antonio
Q. do Carvalhal
Imaculada
Quinta do Leme
Lourencinha
Ribeira Real
Casas Proximas
S. Roque
Quinta Palmeira
Conceição
Santa Quitéria
Miradouro
Pico dos Barcelos
353
Quinta do Poço
Viveiros
Câmara de Lobos
Câmara de Lobos Centro
251
Madalena
E.R.103
Caminho Grande e Preces
Quebradas
Funchal Hospital
Pilar
Santa Luzia
São Martinho
V1
São João
Pico da Torre
Palmeira
Lombada
VR1
Quinta das Cruzes
E.R.229
Forte do Pico
S. Pedro
Pé de Pico
E.R.114
Hospital Cruz do Carvalho
Museu Arte Sacra
Areeiro
Quinta Bela Vista
Museu Fotografia Vicentes
Cais
Vitoria
São Martinho
Mata da Nazaré
Museu do Brinquedo
Quinta Magnólia
Quinta Vigia
Câmara de Lobos
E.R.115
Areeiro
261
Museu CR7
Casino
Ponta da Cruz
Levada dos Piornais
Casa Branca
Belmond Reid's Palace
Praia Formosa
37
Lido
Cliff Bay
Piornais
Pestana Grand Ponta da Cruz
Ponta Gorda
Poças do Governador
ATLANTISCHER OZEAN
OCEANO ATLÂNTICO
0 500 m

37

Badetour 37

Doca do Cavacas

Naturschwimmbad bei Funchal

DAUER	-
LÄNGE	-
HÖHENMETER	-
SCHWIERIGKEIT	LEICHT
MIT ÖFFIS ERREICHBAR	ja

Das erwartet dich ...

Der heutige Tag ist ganz und gar dem Baden im Meer und in der Sonne gewidmet; ein herrlicher Platz dafür ist das Naturschwimmbad Doca do Cavacas. Die natürlichen Becken laden uns zum Schwimmen, Tauchen und Schnorcheln ein. Auf den Steinen gibt es großzügige Liegeflächen, die zum Sonnenbaden und Picknicken einladen. Das anliegende Restaurant bietet hervorragende Fischgerichte an. Außerhalb der Saison ist das Bad nicht überlaufen, wodurch der Tag noch einmal entspannter wird.

Badetour 37

Start & Ziel & Anreise

Dieser Badekomplex liegt zwischen Lido und dem Strand „Praia Formosa" und hat einen Zugang zur Promenade von Lido. Mit dem Auto fahren wir vom Zentrum aus auf der Avenida do Infante und der Estrada Monumental, dann links in die Rua da Ponte da Cruz. Hier gibt es auch Parkmöglichkeiten. Von Funchal fährt der Linienbus Nr. 2 zur Rua da Ponte da Cruz.

Tourenbeschreibung

Der ursprüngliche Name dieses herrlichen, vom Fels eingeschlossenen Naturfreibades, das sich auf einer kleinen Landzunge neben dem großen Strand von Praia Formosa befindet, lautet „Piscinas do Gomes", wird landläufig jedoch inzwischen nur noch als „Doca do Cavacas" bezeichnet. In den vulkanischen Stein wurden zusätzliche Treppen geschlagen; einige kleine Holzbrücken erleichtern die Wege zu den kleineren und mittleren Felsen des Beckens. Daneben wurden mehrere Liegeflächen angelegt, da man auf dem rauen Vulkangestein lediglich sitzen kann. Der Schwimmbereich ist auf natürliche Weise in zwei kleine Becken aufgeteilt, die jedoch für eine herrliche Erfrischung ganz und gar genügen. Es gibt auch einen Zugang zum offenen Meer.

Von der westlichen Seite des Badekomplexes hat man einen schönen Blick auf das höchste Kap Europas (Cabo Girão) und der Praia da Formosa. In der Anlage gibt es Umkleidekabinen, Duschen, Bademeister, und einige Restaurants und Bars befinden sich in der näheren Umgebung.

Sollte es in der Anlage doch einmal zu eng werden, oder möchten wir zwischenzeitlich ein wenig Sand zwischen unseren Zehen spüren, können wir auch vom Docas do Cavacas einen kleinen Spaziergang zum Praia Formosa unternehmen. In gut zwanzig Minuten können wir in westlicher Richtung zu dem kleinen Stadtstrand und dem großen, schwarzen Kieselstrand hinüberspazieren. Der „liebliche Strand" ist ein extremer Publikumsmagnet – er steht nicht nur für Badevergnügen, sondern er bietet auch allerlei Zerstreuung mit seinen freundlichen Bars und Cafés, die sich an die Strandpromenade entlang reihen. Daneben wird er immer wieder Schauplatz von diveren Sportevents und Vorführungen. Von den Docas do Cavacas sind es nur noch ein paar Meter zum Ilhéu da Praia Formosa, einem tollen Aussichtspunkt nahe des Strandes.

Das Naturschwimmbad mit Blick auf den Praia Formosa

Divisão de Águas
Lombo do João Boieiro
Barreira
E.R.201
Pico da S
Arrebentão
Nossa Senhora da Paz
Terreiro da Luta
Cabeço do Curral
Barreira
Pomar do Miradouro
Laranjal
Capela de N. Senhora da Alegria
Alegria
Corujeira
Monte
Curral dos Romeiros
Pico do Inf
Lombo dos Aguiares
Nossa Senhora do Monte
Jardins Imperador
550
E.R.103
Jardim Tropical Monte Palace
Hospital dos Marmeleiros
Hotel Choupana Hills
Encruzilhadas
Lombo Segundo
Levada da Corujeira
Korbschlittenweg
E.R.201
Quinta do Pomar
Salão
Santana
São Roque
Lomo do Monte
Livramento
Santo Antonio
Q. do Carvalhal
Imaculada
Quinta Palmeira
Jardim Botânico
São João de Latrão
Casas Próximas
S. Roque
11
Monte
12
Museu de História Natural
E.R.107
Cal. das Freiras
10
Conceição
Quinta do Poço
VR1
Miradouro
Pico dos Barcelos
353
Viveiros
Madalena
E.R.103
Bom Sucesso
Boa Nova
13
E.R.204
F. porto/Hospital
9
Pilar
Bo. de Sta. Maria
São Martinho
8
V1
São João
Santa Luzia
VR1
Quinta das Cruzes
Campo da Barca
Forte do Pico
S. Pedro
Museu de Arte Sacra
Chão da Loba
Hospital Cruz do Carvalho
Museu do Brinquedo
São Martinho
Quinta Bela Vista
Mercado dos Lavradores
São Gonçalo
Mata da Nazaré
Museu do Brinquedo
Teleférico
Jardim do Miradouro Vila Guida
E.R.115
Quinta Magnólia
Museu da Fotografia Vicentes
Forte de S. Tiago
Quinta Vigia
Casino
261
Museu CR7
Cais da Cidade
FUNCHAL
Ponta da Cruz
Cais da Pontinha
Casa Branca
Belmond Reid's Palace
zu den Ilhas Desertas
Cliff Bay
Lido
Piornais
Ponta Gorda
Poças do Governador
ATLANTISCHER OZEAN
OCEANO ATLÂNTICO
0 500 m

38 Inseltour

Zu den Ilhas Desertas

Katamaran-Tour zu einem Naturparadies

DAUER	-
LÄNGE	-
HÖHENMETER	-
SCHWIERIGKEIT	LEICHT
MIT ÖFFIS ERREICHBAR	ja

Das erwartet dich ...

Heute erleben wir Madeira einmal nicht auf Schusters Rappen – sondern lassen uns bequem, aber auch abenteuerlich entführen zu einem Kleinod vor der Südküste Madeiras: die Ilhas Desertas – die „Verlassenen Inseln". Nicht nur geologisch interessant sind sie Rückzugsgebiet für eine artenreiche Flora und Fauna. So erwartet uns eine spannende Fahrt mit dem Katamaran. Die Inseln können vom Meer aus besucht werden, zugänglich ist jedoch nur Deserta Grande im Rahmen eines Besuches beim Reservatszentrum.

Inseltour 38

Start & Ziel & Anreise

Um einen Tagesausflug zu den Ilhas Desertas zu unternehmen, starten wir am besten von der Hauptstadt Funchal aus. Hier gibt es die meisten Anbieter solcher Bootstagestouren zu den Inseln.

Tourenbeschreibung

Ilhéu Chão, Deserta Grande und Bugio – so heißen die drei kleinen Inseln vor der Südostküste Madeiras. Sie haben eine Gesamtgröße von 14,21 km², sind jedoch unbewohnt. Lediglich auf der größten Insel, Deserta Grande, befindet sich eine kleine biologische Forschungsstation, die es sich zur Aufgabe gemacht hat, die Tierwelt der Insel näher zu erforschen. In ihrer Nähe wurde ein Lehrpfad mit Schautafeln angelegt. Die Inseln stehen seit Beginn der 1990er Jahre unter Naturschutz und wurden ein paar Jahre später im Zuge dessen zum Naturreservat deklariert.

Die drei Inseln sind vulkanischen Ursprungs und bestehen überwiegend aus roter und gelber Asche. Ihr eindrucksvoller, fast durchgehend felsiger Küstenstreifen weist eine Länge von über 37.500 Metern auf. Er besteht aus steilen, fast vertikalen Schichtstufen und macht die Inseln dadurch sehr schwer zugänglich. Ihr höchster Punkt ragt bis 479 Meter aus dem Meer empor. Ihren Namen verdanken sie dem Grundwassermangel und ihrer Unfruchtbarkeit – mehrere Versuche, die Insel landwirtschaftlich zu nutzen, scheiterten.

Die Initiative, die Inseln und den umgebenden, maritimen Bereich unter Schutz zu stellen, ging von der Bewahrung der Mittelmeer-Mönchsrobbe aus: Nur noch 25 Exemplare dieser vom Aussterben bedrohten Tierart leben auf den Ilhas Desertas. Aber nicht nur die seltenen Mönchsrobben können wir im Rahmen einer Bootstour zu den Ilhas Desertas entdecken. Auf der mehrstündigen Fahrt zeigen sich auch Wale und Delfine; die kontaktfreudigen und verspielten Delfine tummeln sich dabei das ganze Jahr über vor der Küste der Blumeninsel. Um sicher auch Wale anzutreffen, solltet ihr vorzugsweise zwischen Mai und Oktober nach Madeira reisen. Oft gesehene Riesen sind dann vor allem Grindwale, Pottwale und Finnwale.

An einfachsten lässt sich so ein Trip mit einer geführten Bootstour organisieren. Wir erhalten so nicht nur einen wunderschönen Eindruck der Inseln mit ihren zahlreichen farbigen Steilküsten und Höhlen, sondern haben auch die Möglichkeit auf einen Ausflug ins Landesinnere zur Forschungsstation und einem gemütlichen, nachmittäglichen Schnorcheltrip im kristallklaren Wasser.

Die Forschungsstation auf den Ilhas Desertas

FUNCHAL

Esteios
1344
Montado do Barreiro
Montado do Pereiro
E.R.203
E.R.216
E.R.103
Cabeço dos Loiros
Ribeiro Serrã
Eira da Cruz
Pico da Silva
1107
Pedras do Roch
E.R.201
Barreira
Arrebentão
Nossa Senhora da Paz
Terreiro da Luta
Cabeço do Curral
E.R.203
Lombo do João Boleiro
Pomar do Miradouro
Capela de N. Senhora da Alegria
Alegria
Corujeira
Monte
Nossa Senhora do Monte
Curral dos Romeiros
Pico do Infante
944
Casais de Al
Vale Para
Jardins Imperador
550
Jardim Tropical Monte Palace
E.R.103
Hospital dos Marmeleiros
Hotel Choupana Hills
Korbschlittenweg
Lombo Segundo
Levada da Corujeira
Lombo do Monte
E.R.201
Quinta do Pomar
Santana
São Roque
Livramento
Q. do Carvalhal
Imaculada
Quinta Palmeira
Monte
12
Jardim Botanico
Museu de História Natural
São João de Latrão
Palhe
S. Roque
11
10
Conceição
Quinta do Poço
Viveiros
E.R.102
Quinta
Palheiro
Blandy's
Madalena
Pilar
E.R.103
Bom Sucesso
Boa Nova
13
Bo. de Sta. Maria
E.R.204
Palheiro Golfe
V1
São João
Santa Luzia
Abegoa
Forte do Pico
Quinta das Cruzes
Campo da Barca
Chão da Loba
E.R.101
VR1
Hospital Cruz do Carvalho
S. Pedro
Museu de Arte Sacra
Blandy's Wine Lodge
Museu do Brinquedo
São Gonçalo
Neves
Museu da Fotografia Vicentes
Mercado dos Lavradores
Jardim do Miradouro Vila Guida
14
Museu do Brinquedo
Quinta Magnólia
Teleférico
Forte de S. Tiago
Ocean Gardens
Quinta Vigia
Museu CR7
Casino
Rocha Alta
Cais da Cidade
Cais da Pontinha
Casa Branca
Belmond Reid's Palace
Cliff Bay
Lido
39

ATLANTISCHER OZEAN
OCEANO ATLÂNTICO

0 500m

Jardim Botânico

Madeiras Botanischer Garten

DAUER	2h
LÄNGE	1,3 km
HÖHENMETER	60 hm
SCHWIERIGKEIT	LEICHT
MIT ÖFFIS ERREICHBAR	ja

Das erwartet dich ...

Diese Tour ist keine Wanderung im eigentlichen Sinne, eher ein Spaziergang. Auf Parkwegen und über Treppen schlendern wir durch den Botanischen Garten Madeiras. Der Niveauunterschied in der Höhe – 60 Meter bergauf und 80 Meter bergab, also knapp 150 Meter – ist jedoch beachtlich und enthält teils sehr steile Abschnitte. In fünf Hauptbereichen auf über 35.000 m² können wir hier die botanischen Schätze der Insel erkunden.

Start & Ziel & Anreise

Unser heutiges Ziel ist der Botanische Garten. Ihn erreichen wir am besten mit der Seilbahn vom östlichen Rand der Altstadt. Alternativ bietet sich eine Fahrt mit den Buslinien 31, 31A und 29 an, die vom Zentrum Funchals aus direkt zum Botanischen Garten fahren.

Tourenbeschreibung

Madeira ist bekannt als die „Blumeninsel". Übersetzt bedeutet sie jedoch „Holz", da sie zu Zeiten ihrer Entdeckung fast gänzlich mit Lorbeerwald bedeckt war. Siedler brachten nach und nach neue, exotische Pflanzen nach Madeira, die bald hier heimisch wurden. Kaufleute schmückten ihre Gärten und Parkanlagen im 18. Jahrhundert mit attraktiven, tropischen und subtropischen Pflanzen. So präsentiert sich Madeira heute als „Schwimmender Garten"; jede Jahreszeit hat dabei ihre ganz eigene, jedoch stets überaus reiche Blütenfülle. Im Frühjahr können wir Rhododendren, Aleo, Azaleen, Kamelien, Trompeten- und Passionsblumen bestaunen. Im Mai schließen sich die zart lilafarbenen Blüten der Jacaranda-Bäume an. Orchideen, Bougainvillea, Hibiskus, Glockenmalve, Flamingoblumen, Ballonrebe oder auch Strelitzie bereiten das ganze Jahr über Freude. Im Sommer sind die Hortensien, Chrysanthemen, Magnolien, die Afrikanische Liebesblume und der

Oleander die floralen Stars der Insel. Dazu gesellen sich viele mitteleuropäische Arten wie die Amaryllis, Begonie, Dotterblume und Geranie.

Der Botanische Garten in Funchal ist der bekannteste Park der Insel. Er wurde 1960 gut 3 Kilometer oberhalb des Stadtzentrums auf dem Areal der Quinta do Bom Sucesso errichtet. Linienbusse oder Gondelbahn bringen uns bequem aus Funchal zum Jardim Botânico, der mit seinem verzweigten Wegenetz über eine Fläche von 3.500 m² ausgedehnte Spaziergänge erlaubt. Er wurde an einem Hang zwischen 200 und 350 Meter Seehöhe angelegt, daher müssen wir bei der Besichtigung einige Höhenmeter überwinden.

Direkt hinter dem Haupteingang erwarten uns zunächst die Pflanzen, die auf Madeira einheimisch sind sowie die Arten der höheren Bergregionen. Dazu gehören neben der Madeira-Blume auch die Papageienblume. Wir spazieren über den Rundweg weiter durch den Baumgarten: Eine Übersicht von Laub- und Nadelbäumen, zu denen sich auch zahlreiche Holzgewächse aus dem Himalaya gesellen. Die folgende, obere Terrasse ist von gestalteten Gärten, Sukkulentenbeeten und landwirtschaftlichen Pflanzen bestimmt. Wir folgen dem breiten Weg weiter hinab zu einem großen Platz mit Palmfarnen. Hier befindet sich auch der untere Eingang. Rechter Hand befindet sich der „Loiro Parque", ein Vogelpark mit Papageien und anderen exotischen Vögeln.

Auf dem Rückweg gelangen wir zunächst durch den Palmengarten und danach durch das Areal mit den einheimischen Pflanzen Madeiras. Auf dem Weg zur Talstation der Seilbahn gibt es Cafés, medizinische Pflanzen, eine Klippe mit einheimischen und tropischen Nutzpflanzen. Zur richtigen Zeit erfreuen uns die satten Früchte von Mango, Papaya und Kaffee. Neben der ursprünglichen Vegetation gibt es im Botanischen Garten mehr als zweitausend exotische Pflanzen aus aller Welt. Dann erreichen wir die Liebesgrotte und den Aussichtspunkt auf die Bucht von Funchal. An der Talstation der Seilbahn endet der Rundweg.

Der Garten ist staatlich verwaltet und steht der Forschung zur Verfügung. 1997 wurde er erweitert, um botanisch bedeutsame Pflanzen wie die Cycaspalmfarne aufzunehmen. Zudem gibt es ein kleines, naturhistorisches Museum, das vorwiegend Tierpräparate ausstellt. Rastbänke, teilweise herrliche Ausblicke, ein Amphitheater und ein Terrassencafé machen den Spaziergang noch kurzweiliger. Für den Rückweg können wir auch den Botanischen Garten am unteren Ende verlassen und mit dem Taxi in die Altstadt zurückfahren.

ATLANTISCHER OZEAN
OCEANO ATLÂNTICO

0 500 m

Spaziergang in Funchal

Die mondäne Inselhauptstadt

DAUER	2h 30min
LÄNGE	6 km
HÖHENMETER	120 hm
SCHWIERIGKEIT	LEICHT
MIT ÖFFIS ERREICHBAR	ja

Das erwartet dich ...

Die Runde erweist sich als einfache Stadtwanderung, die über asphaltierte Straßen und gepflasterte Gassen führt. Gute und bequeme Sport- oder Wanderschuhe mit weichen Sohlen sind dennoch empfehlenswert. Neben einer Vielzahl an Sehenswürdigkeiten laden nette Straßencafés oder Weinstuben wie auch mehrere Parks mit gemütlichen Sitzgelegenheiten zur Rast ein. Monte, oberhalb des Hafens, lockt mit tropischen Gärten, einer interessanten Kirche und tollen Ausblicken auf die Westküste.

Kulturtour 40

Start & Ziel & Anreise

Wir starten den Stadtrundgang in der Avenida do Mar am Palácio São Lourenço in Funchal. Am Busbahnhof in Funchal halten mehrere Linien aus allen Teilen der Insel.

Tourenbeschreibung

Zu unserer Überraschung sehen wir uns einem mondänen Stadtzentrum gegenüber, wenn wir in die Hauptstadt Madeiras fahren. Entlang des Hafens zieht sich eine herrschaftliche Promenade und in einem Viertel im Osten ist ein bunter und quirliger Markt angesiedelt. Die zahlreichen Sehenswürdigkeiten erlauben uns einen spannenden und abwechslungsreichen Stadtspaziergang. Im Großraum Funchals lebt fast die Hälfte der Inselbewohner, knapp 130.000 Menschen. Sie besiedeln das weitläufige Stadtgebiet an den Hängen der zentralen Gebirgskette. Der Besuch des Stadtteils Monte steht auf dem Pflichtprogramm, beheimatet es doch den schönen Botanischen Garten von Madeira und eine sehr sehenswerte Kirche. Zudem sind die Blicke von dort oben, 500 Höhenmeter über dem Hafen Funchals, einzigartig. Die pittoreske Altstadt dagegen hat neben den monumentalen Attraktionen gemütliche Straßencafés und Weinstuben zu bieten. Die vielen Parks und Promenaden zwischen den Palacios machen die Stadt noch grüner und erholsamer. Auch kuriose Museen wie das Zuckermuseum oder das Museum der Erinnerungen können besichtigt werden.

Die Insel galt in früheren Zeiten als Anlaufstelle für Seefahrer und Entdecker – das wird an vielen Stellen spürbar. Anschaulich erläutert wird das in einem Museum, das dem Wirken von Christoph Kolumbus gewidmet ist. Die Bucht, an der er vor Anker ging, war der größte Naturhafen Madeiras. So wurde die Stadt an dieser Stelle gegründet. Und da der Fenchel hier wild wucherte, gaben die ersten Siedler im 15. Jahrhundert ihr den Namen „Funcho" – „Wilder Fenchel". Bei unserem ersten Besuch in Funchal konzentrieren wir uns erst einmal auf die Avenida Arriaga mit den Geschäften und die Avenida do Mar, die mit schattigen Bäumen und Gartenanlagen die Marina umgibt. Der Palácio São Lourenço bildet den Ausgangspunkt für unsere Rundwanderung. Der stattliche Bau hat seine Wurzeln im 16. Jahrhundert und dient heute dem Gouverneur und dem Militärkommandanten der Insel als Wohnsitz. Die breite Prachstraße führt uns zunächst nach Westen und wir gelangen gleich darauf zur Marina mit den großen Jachtbooten. Bei einem Kreisverkehr zweigt die Rua Fontes nach rechts ab und bringt uns zum Park Santa Catarina, der sich über ein nach Westen ansteigendes Küstenareal erstreckt. Im ruhigen, schattigen Areal weilt in hübscher Kulisse die schlichte Kapelle Santa Catarina, die zu den ältesten Kirchen der Insel gehört. Unmengen an Mitbringseln aus aller Welt schmücken hier den Garten: Kampferbaum, Korallenbaum, Peruanischer Pfefferbaum oder Kauritannen, um nur einige zu nennen. Neben einigen Araukarien erwartet uns im oberen Teil das Café Esplanada do Lago und das Kolumbus-Denkmal.

Im Nordosten der Parkanlage, der Rotunda do Infante, halten wir uns am Kreisverkehr links auf die nach oben abgehende Rua Dr. Brito Cãmaro. Ihr folgen wir hinauf Richtung Convento de Santa Clara. An der nächsten Straße geht es nach rechts über die Rua Major Reis Gomes und ein wenig später über die Rua de Carreira hinüber, bis wir die Rua das Cruzes erreichen. Wir blicken nun auf die mächtige Festungsanlage Forte do Pico oder Castelo de São João de Pico. Der beeindruckende Bau wird heute militärisch verwendet und besitzt noch eine tiefe Zisterne aus vergangenen Zeiten. Wir gehen durch die Rua das Cruzes auf den Eingang des Klosters Santa Clara zu; es liegt in der Oberstadt von Funchal. Das schlimme Erdbeben von 1948 zerstörte einen Großteil der Anlage, sie wurde jedoch weitgehend restauriert und beherbergt heute das Kulturmuseum Madeiras. Die gotische Nordfassade und der Kreuzgang des Convents blieben erhalten. Der Archäologische Park zeigt verschiedenste Steinskulpturen.

Der höchste Punkt unseres Rundgangs ist nun erreicht. Der Rückweg führt uns nun wieder Richtung Zentrum. Durch die Calcada de Santa Clara schlendern wir vorbei am Stadtmuseum und hinab zum Stadtgarten, dem Jardim Municipal; er

Fortsetzung Tour 40

liegt an der mondänen Avenida Arriaga. In der schattigen Grünanlage gibt es gemütliche Sitzgelegenheiten, das Café Concerto, ein nostalgisches Café und hübsche Blumenbeete, die saisonal gestaltet werden. Faszinierend ist auch der tropische Baumbestand aus aller Welt, darunter Palmfarne, Kapokbaum, Leberwurstbaum und Araukarien. Links geht die Avenida Arriaga als Fußgängerzone ab; unter den violett-blauen Jacarandabäumen lässt es sich herrlich flanieren, das Denkmal von Stadtgründer João Gonzales zieht dabei unseren Blick auf sich. In der Old Blandy Wine Lodge gibt es eine kurze Rast, bevor wir weiter zur großen Kathedrale an der Praça do Municipio im Zentrum weitergehen. Bei den Einheimischen wird sie schlicht Sé genannt – in Anlehnung an das Wort sedes: Bischofssitz. 1485 begann der Bau des stattlichen Gotteshauses. Sie ist damit die erste portugiesische Kathedrale außerhalb des Festlandes. Die äußere Fassade wirkt streng und wurde seitdem kaum verändert. Im Inneren weist sie zwei Stilrichtungen auf: Der vordere Altarraum besitzt gotische Nebengewölbe, während die Kirchenschiffe nur mit Holzdecken ausgekleidet sind.

Doch auch der Platz vor der Kirche zieht unsere Aufmerksamkeit auf sich. Das Zusammenspiel von großem Brunnen, der Kirche Igreja do Colégio, dem Rathaus und der künstlerisch angelegten schwarz-weißen Pflasterung lassen ihn in einem bemerkenswerten, glanzvollen, urbanen Licht erstrahlen. Im Rathaus ist zugleich das Stadtmuseum untergebracht. Wir können es während der Amtsstunden besichtigen. Dann zieht es uns durch die Gassen der Altstadt mit ihren zahlreichen Läden und netten kleinen Restaurants in Richtung Markthallen. Wir überqueren die beschauliche Praça de Colombo mit den Cafés und den umgebenden Palästen und quadratischen Türmen. Die Rua do Esmeraldo führt uns schließlich zum Graben der Ribeira de Santa Luzia, den wir überqueren. An der Rua Proteta östlich der Ribeira de João Gomes liegt der Mercado dos Lavradores. Auf diesem Bauernmarkt werden exotische Früchte, Fleisch, Wurst, Geflügel sowie Korb- und Lederwaren feilgeboten. Im hinteren Teil des Platzes liegt der Fischmarkt. In den frühen Morgenstunden und vormittags herrscht hier besonders viel Betrieb. Die zweite Straße im Süden des Marktes, die Rua de D. Carlos I., führt zur Talstation der Seilbahn nach Monte. Die Gondelbahn verbindet das Zentrum mit dem Ortsteil Monte. Futuristisch designt wurde der Park, der in der Vergangenheit ein Exerzierplatz war, vom portugiesischen Architekten João Fereira Nunes. Nach weiteren 300 Metern endet die Strandpromenade an der Fortaleza São Tiago, die das Ende der Stadtmauer von 1620 sicherte.

Sie bildet den Endpunkt unseres kurzweiligen Stadtspaziergangs. In ihrem Inneren befindet sich das Museum für zeitgenössische Kunst. Interessant könnte auch die Felsbadeanlage Barreirinha sein, die vom Largo do Socorro aus zugänglich ist und neben den Pools auch Liegeflächen und eine Bar zu bieten hat. Wir schlendern zurück zum Ausgangspunkt beim Palacio São Lourenço an der Avenida do Mar. Er führt uns nach Westen stets am Ufer entlang und ist nach gut einem Kilometer erreicht.

In der Fußgängerzone nahe dem Stadtgarten

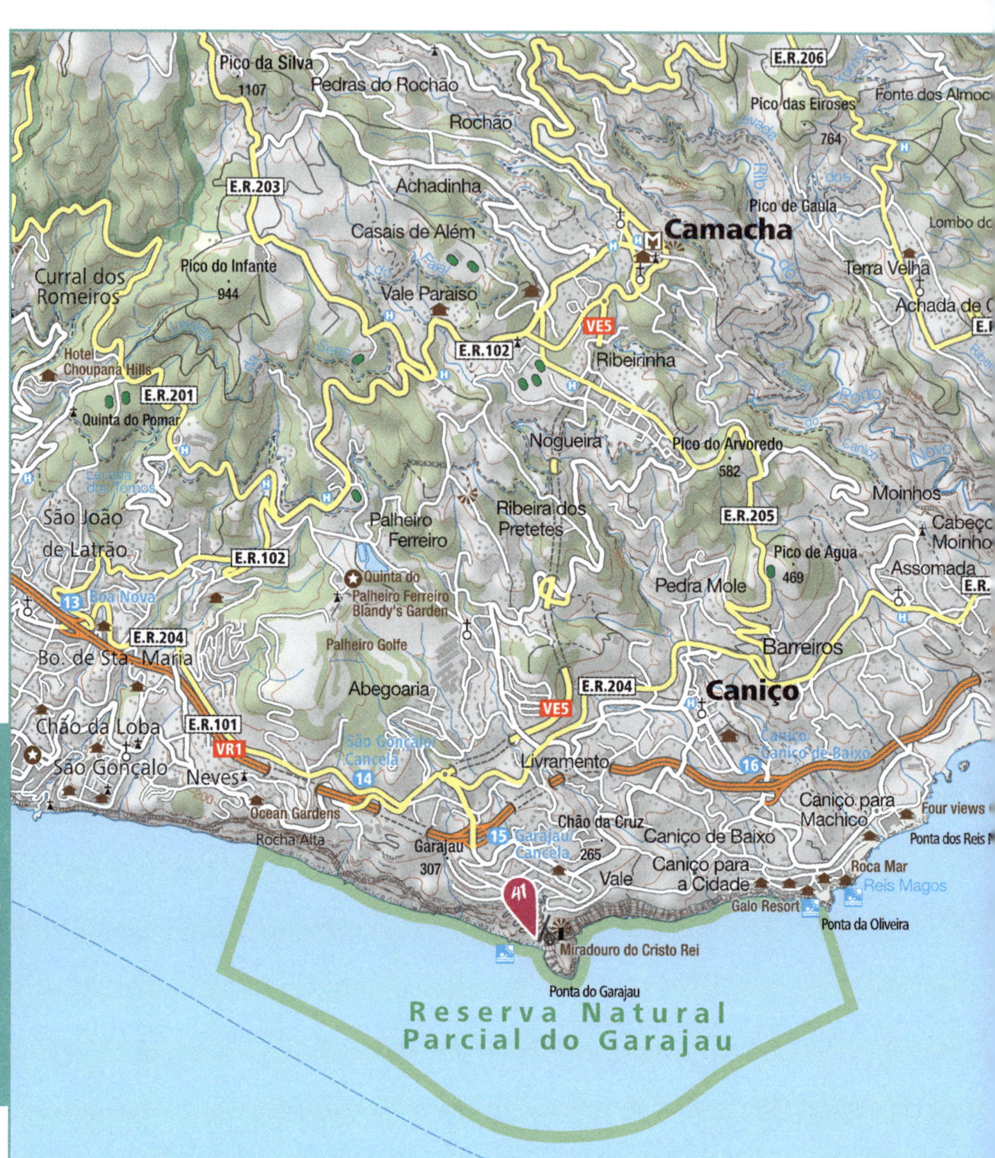

Pico da Silva
1107
Pedras do Rochão
Rochão
E.R.206
Pico das Eiroses
764
Fonte dos Almoc
E.R.203
Achadinha
Casais de Além
Pico de Gaula
Camacha
Lombo do
Curral dos Romeiros
Pico do Infante
944
Vale Paraíso
Terra Velha
Achada de C
VE5
E.R.102
Ribeirinha
Hotel Choupana Hills
E.R.201
Quinta do Pomar
Nogueira
Pico do Arvoredo
582
Moinhos
São João de Latrão
Palheiro Ferreiro
Ribeira dos Pretetes
E.R.205
Cabeço Moinho
E.R.102
Pico de Agua
469
Assomada
13
Boa Nova
Quinta do Palheiro Ferreiro Blandy's Garden
Pedra Mole
E.R.204
Palheiro Golfe
Barreiros
Bo. de Sta. Maria
Abegoaria
E.R.204
Caniço
VE5
Chão da Loba
E.R.101
VR1
São Gonçalo/ Cancela
Livramento
Caniço/ Caniço de Baixo
16
São Gonçalo
Neves
14
Ocean Gardens
Chão da Cruz
Caniço para Machico
Four views
Rocha Alta
15
Garajau/ Cancela
Caniço de Baixo
Ponta dos Reis
Garajau
307
265
Vale
Caniço para a Cidade
Roca Mar
Reis Magos
41
Galo Resort
Ponta da Oliveira
Miradouro do Cristo Rei
Ponta do Garajau
Reserva Natural Parcial do Garajau
ATLANTISCHER OZEAN
OCEANO ATLÂNTICO
0 500 m

41 Strandtour

Praia do Garajau

Baden im Naturschutzgebiet Garajau

DAUER	-
LÄNGE	-
HÖHENMETER	-
SCHWIERIGKEIT	LEICHT
MIT ÖFFIS ERREICHBAR	nein

Das erwartet dich ...

Der steinige Strand von Garajau liegt an der Südostküste Madeiras direkt unterhalb des gleichnamigen Ortes. Im Gegensatz zu den anderen Stränden auf der Insel weist er einige Besonderheiten auf, die ihn einzigartig machen. Zum einen ist er Teil des „Reserva Natural Parcial do Garajau"; zum anderen können wir ihn auf ganz besondere Weise erreichen: Durch eine Fahrt mit der Seilbahn von Caniço.

Strandtour 41

Start & Ziel & Anreise

Garajau ist 15 Autominuten vom alten Zentrum Funchals entfernt und kann über die VR1 bequem erreicht werden. Vom Parkplatz an der Christo Rei-Statue geht man dann noch gut zwanzig Minuten hinunter zum Strand.

Tourenbeschreibung

200 Meter in der Tiefe am Fuße der Klippen liegt er – ein kleiner, dunkler Kiesstrand, der auf den ersten Blick den meisten anderen Stränden auf Madeira ähnelt. Doch der Eindruck täuscht: Praia do Garajau am Fuße der Klippe von Garajau und ist Teil des partiellen Naturschutzgebiets von Garajau. Dabei handelt es sich um ein Unterwasserschutzgebiet, das von dem bei Flut überschwemmten Küstenstreifen bis zu einer Meerestiefe von 50 Metern reicht. 1986 zum Naturreservat erklärt ist es noch immer das einzige Unterwasserschutzgebiet Portugals. Er ist einer der besten Tauchspots auf Madeira und daher bei Tauchern sehr beliebt, da das kristallklare Wasser ausgezeichnete Sichtverhältnisse bietet. Ein Highlight ist das Erscheinen von Mantarochen, die immer wieder aus der Tiefe auftauchen und durch ihre Größe und Beweglichkeit beeindrucken. Doch auch zahlreiche andere Meeresbewohner können wir während der Tauchgänge beobachten.

Eine weitere Besonderheit ist die Anreise zum Strand – natürlich kann man ihn auch zu Fuß erreichen über einen langen Serpentinenweg von Garajau. Seit nicht allzu langer Zeit gibt es nun auch eine Seilbahn; sie befindet sich direkt an der Christus-Statue auf Madeira und führt 200 Meter hinunter zum Praia do Garajau. Eine einfache Fahrt kostet 2 Euro. Die Seilbahn hat zwei Kabinen. Doch auch die 14 Meter hohe Statue Cristo Rei ist einen Blick wert. Sie ist dem Meer zugewandt und keine Kopie der brasilianischen Statue, denn sie wurde schon viel früher als ihre Schwester in Brasilien eingeweiht. Von hier aus führen auch ein schmaler Weg und eine Treppe zum Ende der Landzunge, von wo aus man eine tolle Aussicht hat.

Im Strandbereich gibt es ein Restaurant mit einem Parkplatz, Umkleidekabinen und öffentlichen Duschen. Es gibt auch ein Tauchzentrum, bei dem Equipment ausgeliehen und Tauchgänge gebucht werden können. Zudem können wir von hier aus Nature Reserve-Kajak- und Schnorcheltouren unternehmen.

Die Cristo Rei-Statue

42

ATLANTISCHER OZEAN
OCEANO ATLÂNTICO

Fonte da Areia
Renal Grande
Barbara Gomes
227
Rib. Cochino
Campo de Cima
Pedras Pretas
São Sebastião
Rib. Salgado
Porto Santo Golf
Campo de Baixo
Capel
Espírito Sant
Pico de Ana Ferreira
283
Espigão
270
Ponta do Oeste
Ponta da Canaveira
Ilhéu de Ferro
115
Ponta da Cabra
Adega das Levadas
200
Vila Baleira
Luamar
Ponta
Quinta do Forno
Focinho do Urso
Ponta do Gabriel
Villa Ramos
P
Ponta da Calheta
Boqueirão de Baixo
Campo de Baixo
Pedra Branca
178
Moledo Ruivo
Poção
Ilhéu de Baixo ou da Cal
Ponta Isabel
167
Ponta da Patacha
Ponta do Ilhéu
0 500 m

Tour 42

Panoramatour 42

Cabeço do Zimbralinho

Aussichtsrunde bei Calheta

DAUER	3h 45min
LÄNGE	11,4 km
HÖHENMETER	395 hm
SCHWIERIGKEIT	MITTEL
MIT ÖFFIS ERREICHBAR	ja

Das erwartet dich ...

Die Wanderung bei Ponta da Calheta führt uns heute ans südwestlichste Ende der Insel Porto Santo. Dabei besuchen wir mehrere herrliche Aussichtspunkte und eine kleine, versteckte Bucht. Die Höhenunterschiede sind überschaubar, doch sollte man trittsicher und schwindelfrei auf den schmalen Pfaden oberhalb der Südwestküste sein. Am Ende lädt der herrliche Strand bei Calheta zum Baden ein.

Panoramatour 42

Start & Ziel & Anreise

Von Funchal gibt es täglich eine Fähre bzw. mehrmals täglich Katamarane nach Porto Santo. Vom Busterminal in Porto Santo hinter der Tankstelle am Küstenende der Rua João Gonçalves Zarco fahren Busse nach Vila Baleira und sowohl um die Insel als auch ins Landesinnere. Mit dem eigenen PKW fahren wir von Vila Baleira über die ER 120 Richtung Süden. Die Route bringt uns nur wenige Hundert Meter nach Ponta zu einem großen Parkplatz. Alternativ können wir auch von Vila Baleira ein Taxi nehmen.

Tourenbeschreibung

Unser Ausgangspunkt, der Strand von Calheta, liegt in einer außergewöhnlichen Gegend im entfernteren Südwesten der Insel. Der Strand mit seinem feinen Sand ist eine Mischung von Felsenbecken und Sanddünen mit kristallklarem Wasser. Das Land ist trocken und steinig und zieht sich hinab Richtung Meer. Die braungelben Felsen bilden einen klaren Kontrast zum Tiefblau des Wassers. Der Miradouro das Flores und die anderen Aussichtsziele bieten einen beeindruckenden Blick über Porto Santo und seinem Strand und erlauben auch einen Blick über den Strand von Calheta, die Inselchen Ferro, Cal und Cima. Der lange, goldene Sandstrand der Insel hat einen ganz besonderen Glanz, der ihm vom Muschelkalk der schneckenartigen Muschelreste verliehen wird, die über den ganzen Strand verstreut sind.

Vom Parkplatz wandern wir die Estrade de Calheta Richtung Stadtzentrum. Nach einer Viertelstunde biegen wir links in die Rua do Pico dos Flores ein. Wir gehen nochmal zehn Minuten aufwärts, dann kommen wir zu einer Straße, der wir nach links folgen. Sie zieht weiter hinauf bis zur Kreuzung, an der wir uns links halten hinauf zum Aussichtspunkt Miradouro das Flores und den Klippen von Cabeço das Flores, die sich hier circa 185 Meter über dem Meer erheben. Nach einer tollen Aussicht geht es zurück zur Kreuzung hinab. Kurz vor der Kreuzung biegen wir scharf links ein und nehmen nun Weg hinunter zur Bucht Zimbralinho. Der Pfad ist oft nur schmal und teils ein wenig steil. In der wunderschönen, kleinen Bucht können wir dann ein Bad nehmen, bevor wir den anstrengenden Anstieg zurück beginnen. Schließlich stehen wir wieder an der Kreuzung, an der wir uns nun nach links wenden Richtung Morenos. Der Aussichtspunkt hält einen Picknickplatz bereit.

Nach einer Rast wandern wir denselben Weg zurück – nach ein paar Hundert Meter haben wir wieder die Möglichkeit, nochmal scharf links einzubiegen zur Ponta da Canaveira, die wir in nur wenigen Minuten über schmale Pfade erreichen. Auch von hier bieten sich nochmal tolle Blicke. Dann wandern wir auf der Anstiegsroute zurück zum Parkplatz.

Bucht Zimbralinho

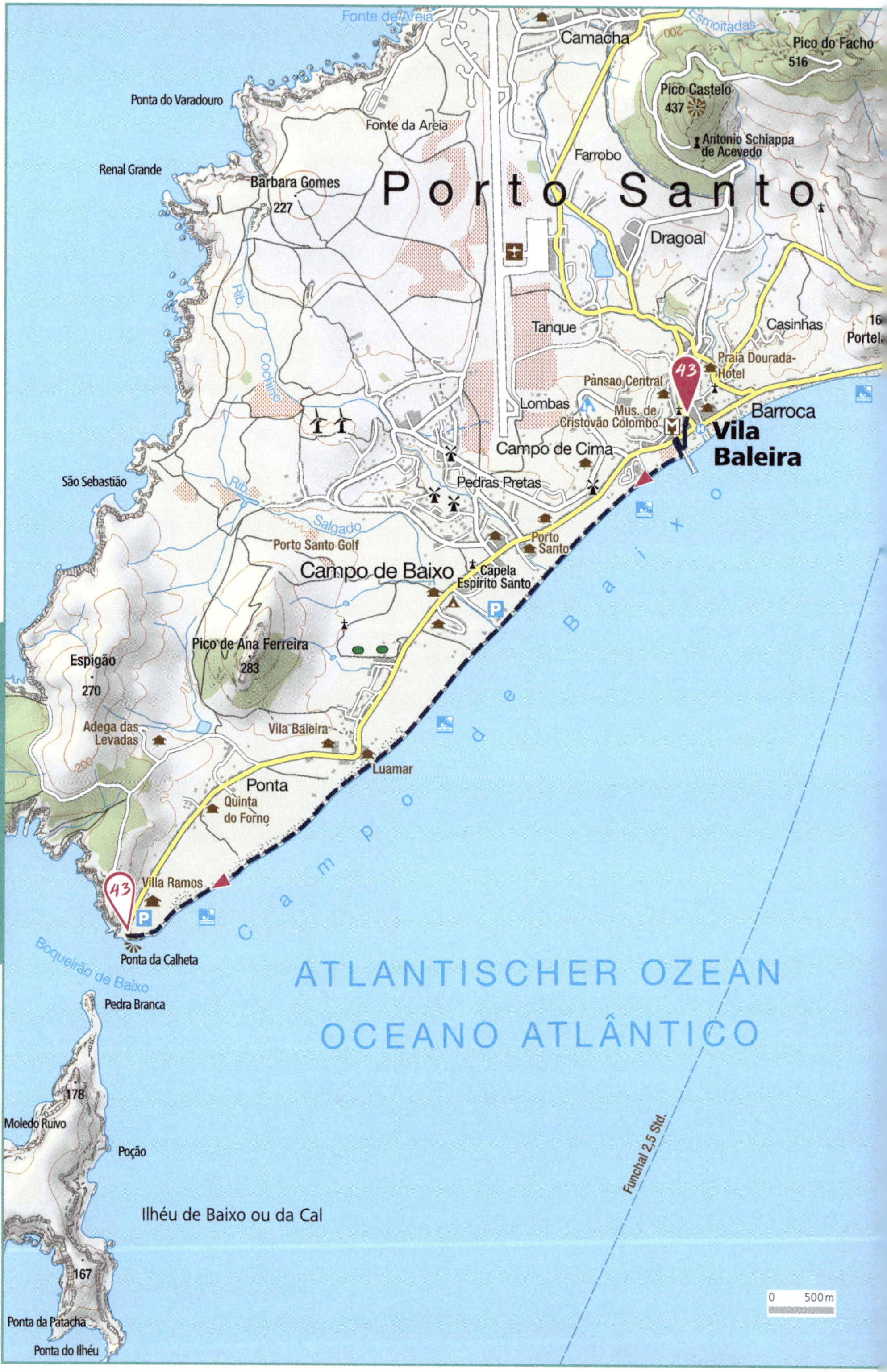

Fonte de Areia
Camacha
Esmoitadas
Pico do Facho
516
Pico Castelo
437
Antonio Schiappa de Acevedo
Ponta do Varadouro
Fonte da Areia
Farrobo
Renal Grande
Barbara Gomes
227
Porto Santo
Dragoal
Rib.
Tanque
Casinhas
Portel
Cochino
Praia Dourada-Hotel
Pansao Central
43
Lombas
Mus. de Cristovão Colombo
Barroca
Vila Baleira
Campo de Cima
São Sebastião
Rib.
Pedras Pretas
Salgado
Porto Santo
Porto Santo Golf
Campo de Baixo
Capela Espirito Santo
Pico de Ana Ferreira
283
Espigão
270
Adega das Levadas
Vila Baleira
Luamar
200
Ponta
Quinta do Forno
Campo de Baixo
Villa Ramos
43
Ponta da Calheta
Boqueirão de Baixo
Pedra Branca
ATLANTISCHER OZEAN
OCEANO ATLÂNTICO
178
Moledo Ruivo
Poção
Funchal 2,5 Std.
Ilhéu de Baixo ou da Cal
167
Ponta da Patacha
Ponta do Ilhéu
0 500 m

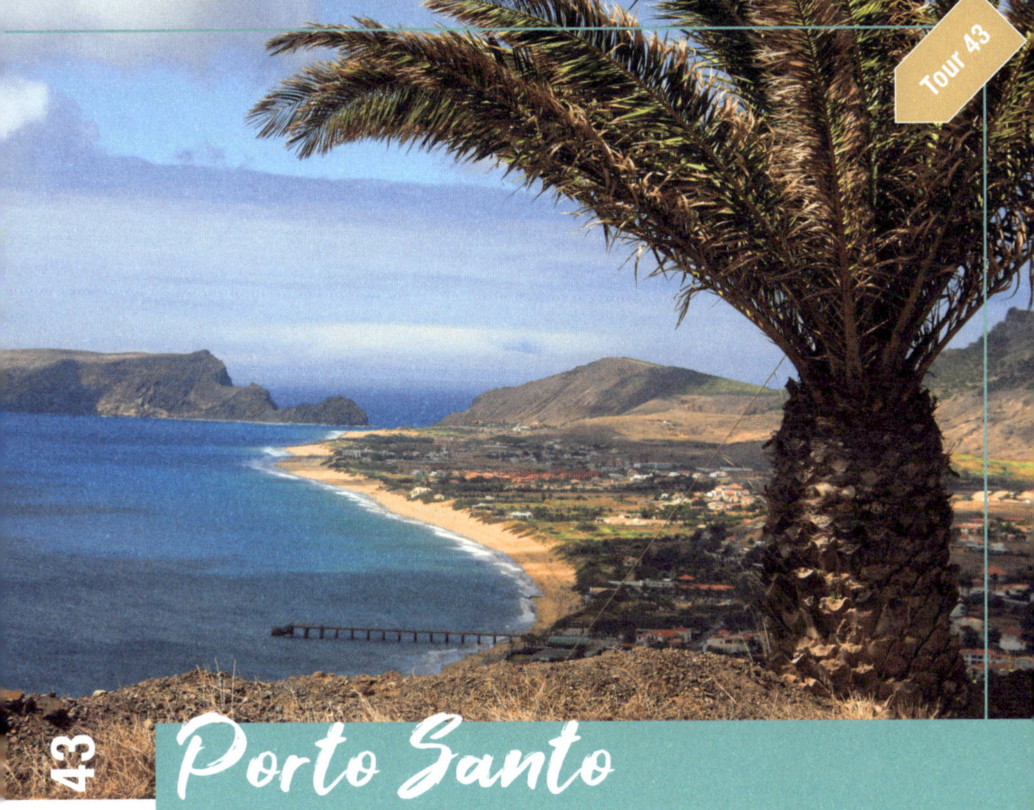

43

Strandtour

Porto Santo

Auf Madeiras kleinem Nachbarn

DAUER	2h
LÄNGE	7 km
HÖHENMETER	0 hm
SCHWIERIGKEIT	LEICHT
MIT ÖFFIS ERREICHBAR	ja

Das erwartet dich ...

Die einfache Wanderung führt uns anfänglich über Asphaltstraßen. Dann geht es weglos über den Sandstrand bis zum Südende der Insel. Da die Strecke nicht besonders lang ist und außerdem keinerlei Anstiege aufweist, ist sie auch für kleinere Wanderer gut geeignet. Nicht vergessen dürfen wir ausreichend Wasser und Sonnenschutz. Eine Windjacke schützt gut vor den rauen Verhältnissen im Frühjahr und Herbst. Am Kap Ponta da Calheta kann man hervorragend Schnorcheln!

Strandtour 43

Start & Ziel & Anreise

Von Funchal gibt es täglich eine Fähre bzw. mehrmals täglich Katamarane nach Porto Santo. Vom Busterminal in Porto Santo hinter der Tankstelle am Küstenende der Rua João Gonçalves Zarco fahren Busse ins Landesinnere und um die Insel herum. Hier wartet auch immer ein Bus auf die Fähre und bringt uns für 1 Euro vom Hafen nach Vila Baleira. Der Fahrplan befindet sich bei der Autovermietung in der Nähe des Taxistandes an der Avenida Dr. Manuel Gregorio Pestana Junior.

Tourenbeschreibung

Die Tour kann man eher als ausgedehnte Strandwanderung bezeichnen: Das kann man hier nämlich – im Gegensatz zur großen Schwesterinsel Madeira – auf den kilometerlangen Sandstränden unternehmen, die sich goldgelb und leuchtend an der Südwestküste der kleinen Insel entlangziehen. Vom Hauptort Vila Baleira haben wir die Möglichkeit, an der Küste entlang bis zum Kap Ponta da Calheta an der Südspitze zu wandern. Der schöne, teilweise sehr breite Strand (Campo de Baixo) erstreckt sich von Vila Baleira bis an das südliche Kap. Solch einen Traumstrand kennen wir von Madeira nicht, das meist felsige Küsten mit anschließenden Steilwänden aufweist.

Am modernen Fährhafen Porto de Abrigo warten schon Busse in die Ortschaft Vila Baleira. An der Haltestelle nahe dem Rathausplatz starten wir den Spaziergang. Vorerst wandern wir am Fluss entlang bis zur Kreuzung mit der ER 111. Am kleinen Park mit dem Denkmal von Christoph Kolumbus biegen wir rechts ein, passieren das moderne Amphitheater und gehen bis zum Strand hinunter. Hier gelangen wir an einen langen Steg und einen alten Schiffsanleger: Cais do Porto Santo. Er schiebt sich als Verlängerung der Avenida Infante Dom Henrique weit ins Meer vor. Ab hier können wir die Route gar nicht mehr verfehlen, denn jetzt wandern wir einfach immer nur den breiten Strand entlang. Der erste Abschnitt ist geprägt von Bars und Restaurants. Dann begleiten uns nur noch Wind und Wellen.

Der nächste Abschnitt, die Praia das Pedras Pretas, erwartet uns mit weiß getünchten Bootshäusern und charakteristischen, schwarzen Felsen. Immer wieder münden asphaltierte Straßen an den Strand. Bei Campo de Baixo passieren wir eine moderne Hotelanlage. Dann folgt der Strand Praia de Cabeço mit einem Weiler, dem Cabeço da Ponta. Der Strandsaum verschmälert sich für kurze Zeit. Nachdem er sich wieder geweitet hat, erwartet er uns mit üppigem Dünenbewuchs. Nach gut zwei Stunden verengt sich der Strand und geht ins felsige Cap Ponta da Calheta über. Der Beiname „Cal" stammt von der früheren Verwendung, als der bizarr geschichtete Kalk abgebaut und als gebrannter Kalk nach Madeira geliefert wurde.

Wir kommen zum das Restaurant O Calhetas am Kap Ponta da Calheta, wo unsere Wanderung endet. Hier haben wir die Möglichkeit auf eine schöne Einkehr. Das Restaurant bietet hervorragende Fischgerichte an, die auf der aussichtsreichen Terrasse verzehrt werden können. Dann gehen wir zur Bushaltestelle; sie befindet sich an der Wendeschleife der Inselstraße 111 vor dem Restaurant. Alternativ können wir auch mit dem Taxi nach Vila Baleira zurückfahren. Es ist sinnvoll, sich vorher über die Abfahren der Fähre zu informieren, da man so die Rückfahrt besser zeitlich planen kann.

Autoren Tipp

Der Hauptort Vila Baleira ist klein; dennoch lohnt sich ein Spaziergang durch die hübschen, idyllischen Gassen. Ab und an trifft man auch auf Bauern, die dort ihre regionalen Produkte verkaufen. Mit den „Carriola", kleinen, lustigen Kutschen, kann eine Stadtrundfahrt dann nochmal anders erlebt werden. Das Christoph-Kolumbus-Museum bietet interessante Einblicke rund um den Entdecker, seine Expeditionen und die portugiesische Seefahrt.

Baixa dos Barbeiros
Focinho do Forte
Pires
Rocha do Gasparão
Fonte de Areia
Camacha
Pico Juliana
439
Quinta do Serrado
Pico das Urzes
384
Serra de Dentro
Pico do Facho
516
Pico Castelo
437
Antonio Schiappa de Acevedo
Fonte da Areia
Farrobo
Barbara Gomes
227
Serra de Fora
Pico do Conce
324
Dragoal
Porto Santo
Porto dos Frades
Pico do Maçarico
286
Tanque
Casinhas
162
Portela
Praia Dourada-Hotel
Pansao Central
Lombas
Mus. de Cristovão Colombo
Barroca
Vila Baleira
Porto de Abrigao
Campo de Cima
Pedras Pretas
Rib. Cochino
Rib. Salgado
Porto Santo
Campo de Baixo
Capela Espírito Santo
Vila Baleira
Luamar
Campo de Baixo
ATLANTISCHER OZEAN
OCEANO ATLÂNTICO
0 500 m
44

Pico do Castelo

Porto Santos Zuckerhut

DAUER	4h
LÄNGE	10,5 km
HÖHENMETER	440 hm
SCHWIERIGKEIT	LEICHT
MIT ÖFFIS ERREICHBAR	ja

Das erwartet dich ...

Die heutige Wanderung bringt uns nochmals auf die paradiesische Insel Porto Santo. Auf der einfachen Wanderung erleben wir liebliches Dorfambiente und die herrliche, subtropische Inselnatur. Gepflasterte und geschotterte Bergwege sind dabei teils mit Wegweisern, teils mit roten Markierungen gekennzeichnet. Der Pico de Castelo ist ein ehemaliger Vulkankegel und der zweithöchste Berg der Insel, der uns einen herrlichen Rundblick bietet.

Panoramatour 44

Start & Ziel & Anreise

Von Funchal gibt es täglich eine Fähre bzw. mehrmals täglich Katamarane nach Porto Santo. Vom Busterminal in Porto Santo hinter der Tankstelle am Küstenende der Rua João Gonçalves Zarco fahren Busse ins Landesinnere und um die Insel herum. Hier wartet auch immer ein Bus auf die Fähre und bringt uns für 1 Euro vom Hafen nach Vila Baleira. Der Fahrplan befindet sich bei der Autovermietung in der Nähe des Taxistandes an der Avenida Dr. Manuel Gregorio Pestana Junior.

Tourenbeschreibung

Wir starten am Fähranleger von Porto Santo, von dem aus wir nur knapp eineinhalb Kilometer Richtung Westen zum Hauptort Vila Baleira wandern oder alternativ mit dem öffentlichen Bus fahren; er stoppt am Rathausplatz. Von hier aus durchqueren wir den Ort Richtung Camacha vorbei an der Kirche und dann auf der Straße bis zum Kreisverkehr, den wir geradeaus überqueren. Beim Kreisel in Dragonal biegen wir rechts ab. Dann halten wir uns geradeaus auf die Nordseite der Insel zu. Wegweiser zeigen uns schon hier das Ziel unserer heutigen Tour, den Pico do Castelo. Die Wanderung bringt uns durch Plantagen und eine Allee auf den Hangfuß zu. Nach den letzten Häusern von Dragonal lassen wir eine Abzweigung rechts liegen und streben im Verlauf der Straße auf das kleine Tal zu, das den Pico Castelo vom Pico do Facho, dem höchsten Berg auf Porto Santo, trennt. Nach einer Kehre steigen wir gemütlich auf der gepflasterten Straße hinauf. Dann ändern wir nochmals die Richtung um 180° und erreichen

so den Aussichtspunkt unterhalb des Gipfels. Hier erwartet uns ein einladender Platz mit Bänken und Grillstellen sowie einer alten Kanone.

Nachdem wir den Blick über die Insel und den Atlantik genossen haben, gehen wir zum Parkplatz knapp unterhalb des Aussichtspunktes. Hier beginnt ein Pfad, der auf den Gipfel führt. Wir richten uns nach dem Wegweiser; eine Treppe verbindet die Straße mit dem nun steinigen Weg. Zahlreiche Serpentinen führen uns durch terrassiertes und bewaldetes Gelände steil aufwärts. Nach gut einer halben Stunde passieren wir knapp unterhalb des Gipfels einen kleinen Park. Hier befindet sich das Denkmal für António Schiappa de Azevedo. Er setzte sich maßgeblich für die Aufforstung der Insel ein. Somit sollte vor allem die fortschreitende Erosion verhindert werden. Sein Streben führte zum Erfolg: Der gesamte, ehemalige Vulkankegel ist heute wieder mit zum Teil exotischen Pflanzen bewachsen. Da gibt es Aleppokiefern und Meer-Kiefern, aber auch Drachenbäume, Steineichen und mediterrane Macchienarten wie Baumerika oder Myrte. Der Prächtige Natternkopf ist eine Besonderheit von den Kanarischen Inseln.

Nicht viel später stehen wir am Aussichtsplatz Canhão am Pico do Castelo auf 437 m. Der Blick von hier oben ist atemberaubend und umfasst beinahe die gesamte Südspitze über Vila Baleira hinweg bis zur Nordseite. An klaren Tagen zeichnet sich deutlich die Silhouette der Ilhas Desertas ab. Der Name des Gipfels stammt aus dem 15. Jahrhundert. Er benannte eine Fortanlage, in der die Bewohner der kleinen Insel Schutz vor Piraten suchten. Nach einer ausgedehnten Rast kehren wir auf der Anstiegsroute nach Vila Baleira zurück. Nachdem wir den Ort erreicht haben lohnt es sich, sich hier noch ein wenig umzusehen.

Vila Baleira ist der einzige nennenswerte Ort der Insel; knapp 3.000 Menschen leben hier. Man sollte auf jeden Fall dem schönen Hauptplatz, dem Kolumbus-Museum und der mit blauen Azelejos geschmückten Kirche einen Besuch abstatten. Im Museum erfahren wir einiges Wissenswerte über Portugal als führende Seefahrer- und Handelsnation des 15. Und 16. Jahrhunderts wie auch Christoph Kolumbus, den berühmten Entdecker dieser Zeit. Auf dem Hauptplatz herrscht stets buntes Treiben. Das alte Rathaus blieb als einziges Gebäude aus dem 16. Jh. bestehen. Es ist beispielhaft für die portugiesisch-maurische Architektur aus der Renaissance. Auf dem Rückweg zum Fähranleger beschließen wir den schönen Tag mit einer Erfrischung in einem der zahlreichen, hübschen Straßencafés von Porto Santo.

GUT ZU WISSEN

Unsere Wander-Hacks

Es geht auch einfacher

HACKS

SAISONSTART

1.000 Höhenmeter und 20 Kilometer sind etwas viel für die erste Tour, fange mit einigen gemütlichen Wanderungen an und steigere dich langsam. Hör auf deinen Körper und überfordere dich nicht gleich am Anfang. Und nicht zu vergessen: Hast du alles Wichtige im Rucksack? Regen-, Kälte- und Sonnenschutz, Erste-Hilfe-Set, Handy, genügend zu Trinken und die Karte sollten auf jeden Fall dabei sein.

KEINE EILE

Damit du genug Zeit hast um all die Eindrücke und Erlebnisse sacken zu lassen, brich in der Früh zeitig auf. Lieber stehst du etwas früher auf und kannst die Tour ohne Stress gehen, anstatt in Eile aufzubrechen, weil der letzte Bus gleich losfährt.

SCHAU ÜBER DEN TELLERRAND HINAUS

Das Studieren von Karten und die detaillierte Tourenplanung sind spannende Themen. Dennoch: Schau über den Tellerrand, in dem Fall die Wandertour, hinaus und beschäftige dich mit deiner Umgebung. Was gibt es noch zu erleben? Wie sieht die Umwelt um dich herum aus? Wie ist die Landschaft eigentlich entstanden? So nimmst du nicht nur zurückgelegte Kilometer mit nach Hause, sondern auch viele neue Eindrücke und Erkenntnisse.

Endlich was Neues ausprobieren

Lust was Neues auszuprobieren?

WENN JA HABEN WIR EIN PAAR VORSCHLÄGE FÜR DICH.

- **MADEIRAWEIN:** Noch nicht probiert? Zeit wird's! Durch die Zugabe von hochprozentigen Branntwein wird die Gärung unterbrochen und so behält der Wein seine Süße, bei einem Alkoholgehalt von 17 bis 22 Prozent. Saúde!

- **KORBSCHLITTENFAHREN AM MONTE:** Die Carreiros (so werden die Korblenker genannt) bringen dich in einem Korbschlitten im rasanten Tempo von Monte zurück nach Funchal.

- **CANYONING:** Klettern, Rutschen, Springen und Abseilen – Adrenalin pur erlebst du zum Beispiel in der Schlucht Ribeiro Frio, in Lajeado oder Ribeira das Cales.

- **SONNENUNTERGANG AM ABGRUND:** Klingt nicht gerade romantisch? Aber dafür umso spannender! Am Aussichtspunkt Cabo Girão hast du eine grandiose Aussicht auf den Atlantik. Und eine atemberaubende Tiefsicht von der 580 Meter hohen Steilklippe, denn die Plattform besteht aus Glas.

Neues

Von Vorteil

FÜR MENSCH & NATUR

Nachhaltigkeit

BEIM WANDERN

Wandern ist eine recht schonende Sportart für die Natur und unsere Umwelt, wenn wir einige wenige Dinge beachten. Denn das Gleichgewicht ist hier extrem sensibel: Jedes zurückgelassene Papierchen in schönster Umgebung, jede Plastikwasserflasche oder auch noch so tolle Outdoorjacke, dafür voll von chemischen Inhaltsstoffen, fallen ins Gewicht. Folgende fünf Punkte geben euch einen kurzen Überblick, was ihr für euch und die Natur tun könnt. Denn Umweltschutz betrifft uns alle, schließlich haben wir nur eine Erde und mit dieser sollten wir behutsam und respektvoll umgehen.

Und das kannst du machen …

Green-Guide

01 Nachhaltigkeit beginnt schon bei der Anreise: Je mehr Menschen mit dem Auto fahren, desto mehr CO_2-Ausstoß und desto mehr umweltschädlichen Gummiabrieb der Reifen gibt es. Doch viele Ausgangspunkte sind auch gut mit den öffentlichen Verkehrsmitteln zu erreichen. Also einfach mal das Auto stehen lassen. Oder Fahrgemeinschaften bilden.

02 Keine Einwegflaschen: Gerade das Trinken ist auf Wanderungen wichtig. Doch sollte man aus Rücksicht zur Natur und sich selbst zuliebe auf Einwegflaschen aus Plastik verzichten und lieber seine eigene Trinkflasche mitnehmen.

03 Kein Verpackungsmüll: Die Verpflegung für den Hunger zwischendurch ist mindestens genauso wichtig wie das Trinken. Brotdosen bieten sich zum Transport von Proviant an oder einfach alles in ein Bienenwachstuch einwickeln.

04 Wanderausrüstung leihen: Gerade beim Ausprobieren einer Sportart muss nicht gleich alles neu gekauft werden, was dann vielleicht im Keller landet. Manche Ausrüstungsgegenstände können auch erst einmal ausgeliehen werden. Auch ist es nicht notwendig, jedes Jahr ein neues Outfit zu kaufen. Achtet ihr schon beim ersten Kauf auf Qualität, macht sich das bemerkbar, denn qualitativ hochwertigere Produkte begleiten uns oft jahrelang.

05 Weniger ist mehr: Oft findet sich die schönste Natur in unmittelbarer Nähe. So muss es nicht immer die weit entfernte Gebirgskette sein. Auch Ziele, die aufgrund ihrer Bekanntheit an Wochenenden und in den Ferien total überlaufen sind, freuen sich über ein paar Besucher weniger. Weniger bekannte Ziele haben auch ihren Reiz und warten nur darauf, entdeckt zu werden.

Karl-Kapferer-Straße 5, A-6020 Innsbruck

1. Auflage 2023 (23.01)
Verlagsnummer 3513
ISBN 978-3-99121-351-2

Konzept und Bildnachweis

Konzept & Gestaltung: © KOMPASS-Karten GmbH

Projektleitung: Hannah Geuder

Text: KOMPASS-Karten AutorInnen (s. Klappe)

Grafische & Kartografische Herstellung:
© KOMPASS-Karten GmbH

Kartengrundlage: © KOMPASS-Karten GmbH unter Verwendung von OpenStreetMap Contributers (www.openstreetmap.org)

Titelbild: Die Steilküste im Norden mit Blick auf Boaventura und Ponta Delgada;
© Funny Studio - stock.adobe.com

Cover Rückseite: Sonnenuntergang am Pico do Arieiro;
© Noradoa - stock.adobe.com

Weiterer Bildnachweis:
S.2/3: © Rasmus - stock.adobe.com
S.4/5; S.6/7; S.23; S.31; S.39; S.43; S.55; S.59; S.63; S.67; S.71; S:79; S:83; S.87; S.90; S.95; S.99; S.103; S.107; S.111; S.115; S.119; S.123; S.131; S.135; S.137; S.139; S.143; S.145; S:149; S.153; S.157; S.159; S.163; S:185; S.189; S.203; S.208: © Mag. Peter Mertz, die naturwerker
S.11: © Jan - stock.adobe.com
S.12: © Halfpoint - stock.adobe.com
S.14; S.171: © dennis gross/EyeEm - stock.adobe.com
S.17: © Sebastian Bayer - stock.adobe.com
S.18: © st1909 - stock.adobe.com
S.20/21: © cristianbalate - stock.adobe.com
S.27: © ppohudka - stock.adobe.com
S.29: © Pawel Kazmierczak - stock.adobe.com
S.34: © makaule - stock.adobe.com
S:37: © Freesurf - stock.adobe.com
S.47: © Iza Krecioch - stock.adobe.com
S.49: © Balate Dorin - stock.adobe.com
S.51: © Pierre-Olivier - stock.adobe.com
S.53: © AlexanderNikiforov - stock.adobe.com
S.75: circumnavigation
S.127: © AnneSophie - stock.adobe.com
S.129: © Jana - stock.adobe.com
S.167; S.214/215: © Stefanie Tölke - stock.adobe.com
S.169: © GoshaR - stock.adobe.com
S:173; S.175: © Sina Ettmer - stock.adobe.com
S.177: © Filip - stock.adobe.com
S.179: © andriypetryna - stock.adobe.com
S.181: © Rico Ködder - stock.adobe.com

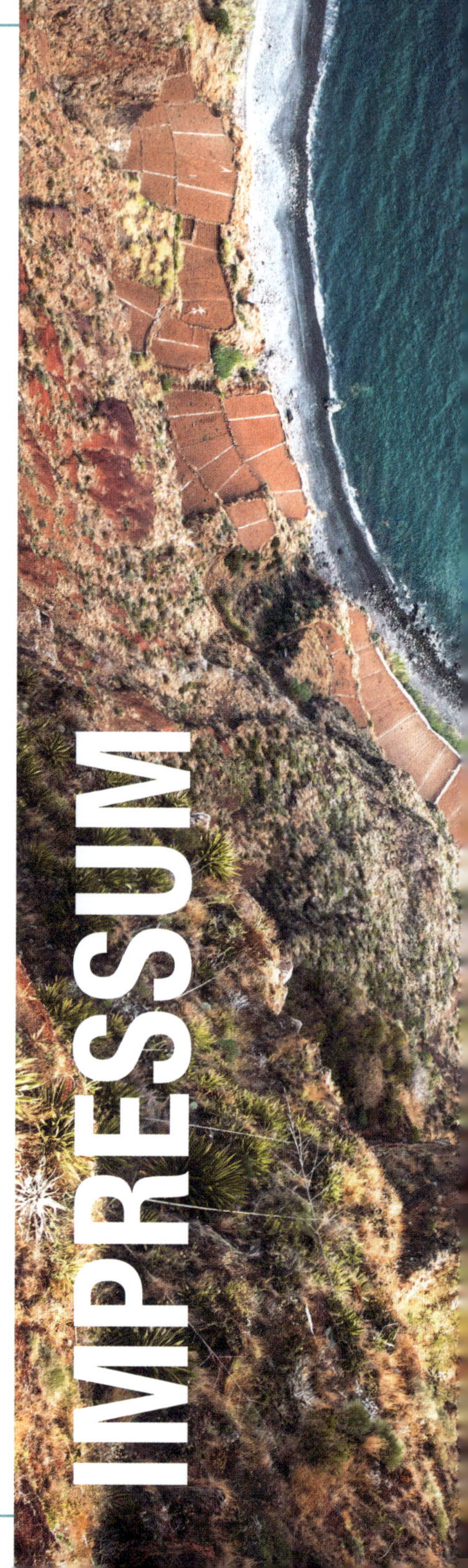

Weiterer Bildnachweis:
S.191; S.193: © daliu - stock.adobe.com
S.195: © Ina Ludwig - stock.adobe.com
S.197: © Aleksei - stock.adobe.com
S.199: Shutterstock Francisco Caravana
S.206/207: © Piotr Krzeslak - stock.adobe.com
S.211: © CiceroCastro - stock.adobe.com
S.212: © mimadeo - stock-adobe.com

Alle Angaben und Routenbeschreibungen wurden nach bestem Wissen gemäß unserer derzeitigen Informationslage gemacht. Die Wanderungen wurden sehr sorgfältig ausgewählt und beschrieben, Schwierigkeiten werden im Text kurz angegeben. Es können jedoch Änderungen an Wegen und im aktuellen Naturzustand eintreten. Wanderer und alle Kartenbenützer müssen darauf achten, dass aufgrund ständiger Veränderungen die Wegzustände bezüglich Begehbarkeit sich nicht mit den Angaben in der Karte decken müssen. Bei der großen Fülle des bearbeiteten Materials sind daher vereinzelte Fehler und Unstimmigkeiten nicht vermeidbar. Die Verwendung dieses Führers erfolgt ausschließlich auf eigenes Risiko und auf eigene Gefahr, somit eigenverantwortlich. Eine Haftung für etwaige Unfälle oder Schäden jeder Art wird daher nicht übernommen. Für Berichtigungen und Verbesserungsvorschläge ist die Redaktion stets dankbar. Korrekturhinweise bitte an folgende Anschrift:

KOMPASS KARTEN GMBH
Karl-Kapferer-Straße 5, A-6020 Innsbruck
www.kompass.de/service/kontakt

MIX
Papier aus verantwortungsvollen Quellen
FSC® C018236

Deine Orientierung

Hallo!
Ich bin deine Anleitung wie du zu den GPX-Tracks aus deinem neuen Buch kommst. Damit kannst du dir die Route in Wander-Apps und Navigationsgeräte laden. Scann den QR-Code oder gehe auf folgende Webseite:

www.kompass.de/gpx

Für Navigationsgeräte und Apps haben wir auf unserer Webseite alle Touren im GPX-Format zum Download bereitgestellt:
Hier findet man alle weiteren Informationen. Einfach das richtige Produkt auf der Seite auswählen, die Daten herunterladen und auf das Zielgerät oder in die gewünschte App importieren.

Was ist ein GPX-Track? GPX ist ein Datenformat für Geodaten. Das Wort GPS steht für Global Positioning System (Globales Positionsbestimmungssystem). Mit einem GPX-Track bekommt man die rote Linie, also den Wanderpfad, als geografische Koordinaten.

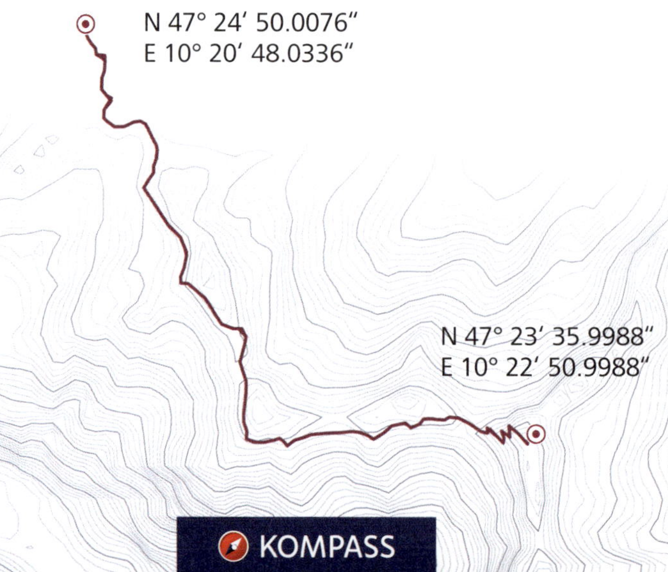